PARTIDOS POLÍTICOS E COMPLIANCE

Um debate acerca da obrigatoriedade

Alex Cavalcante

AMBRA UNIVERSITY press

Publisher: Ambra University Press
First edition: AUGUST 2025 (Revision 1.0a)

Author: Alex Cavalcante.
Title: Partidos Políticos e Compliance: Um debate acerca da obrigatoriedade
Cover design: Ambra University Press
Book design: Ambra University Press
Proofreading: Ambra University Press

E-book format: EPUB
Print format: Print format: Paperback- 6 x 9 inch

ISBN: 978-1-966958-16-1 (Print - Paperback)
ISBN: 978-1-966958-15-4 (e-book – EPUB)

Ambra is a trademark of Ambra Education, Inc. registered in the U.S. Patent and Trademark Office.
Ambra University Press is a division of Ambra Education, Inc.
Orlando, FL, USA
https://press.ambra.education/ • https://www.ambra.education/

Editora: Ambra University Press
Primeira edição: agosto 2025 (Revisão 1.01)

Autor: Alex Cavalcante.
Título: Partidos Políticos e Compliance: Um debate acerca da obrigatoriedade
Design da capa: Ambra University Press
Projeto gráfico: Ambra University Press
Revisão: Ambra University Press

Formato e-book: EPUB
Formato impresso: Capa mole - 6 x 9 polegadas

ISBN: 978-1-966958-16-1 (Impresso – capa mole)
ISBN: 978-1-966958-15-4 (e-book – EPUB)

Ambra é uma marca da Ambra Education, Inc. registrada no U.S. Patent and Trademark Office.
Ambra University Press é uma divisão da Ambra Education, Inc.
Orlando, FL, EUA
https://press.ambra.education/ • https://www.ambra.education/

Especialmente, à minha esposa, Luciana Cavalcante, companheira de sempre, dona dos meus desejos, renovadora das minhas forças.

À minha filha Leticia Cavalcante, minha alegria e razão da minha jornada.

Ao meu filho Arthur Cavalcante, anjo azul, aquele que me faz melhor a cada dia.

À minha filha Tereza Cavalcante, menina que virou orgulho de mulher.

AGRADECIMENTOS

A jornada percorrida na produção de conteúdo destinado ao conhecimento é como navegar numa senzala liberta, onde vadeiam ideias e proposições ainda não testificadas na realidade empírica, represadas pelos desafios que a vida social impõe àqueles que se dedicam ao estudo científico. Foi nesse caminhar que resultou o nascedouro desta obra, que compreendeu inúmeras vivências, as quais alimentaram a resiliência do autor.

Ainda sem ter a devida percepção, pessoas cruzam nossa estrada e nos dão a oportunidade de materializar os nossos sonhos, seja em nossa atividade profissional, nos estudos, com a família, amigos, até mesmo numa conversa despretensiosa. São nesses momentos quem surgem as melhores possibilidades.

É com esse pensamento, que manifesto a minha gratidão ao criador, minha família, meu alicerce, que no folhear do presente, tem uma lauda especial. Ao Professor Dalton Cusciano, meu orientador, pela sua paciência e disponibilidade, por me mostrar as nuances da produção cientifica. A Ambra University, na pessoa do Alfredo Freitas e Francisco Neto, que foram visionários na criação do Mestrado nos moldes em que oportuniza o crescimento a todos que perseveram nos estudos e estimulam aos que não tem medo de errar, pois é assim que verdadeiramente internalizamos o conhecimento. Não esquecendo da equipe: Camila Jacobs, Lídia Rodrigues e Leânia Santos.

Ao meu xará e irmão Alex Abbate, parceiro de todas as horas, obrigado por ter sido porta de entrada à terra querida Jundiaí, e ao trio parada dura do escritório: Cibele, Olga e Nádia. Aos colegas de trabalho, de estudos e voluntariado, parceiros, que de alguma forma incentivaram e contribuíram para esta obra: Diego Araújo; Élcio Paiva; Roberto Pieroni; Ozeas Nunes; Frank Gilberto; Daniel Martinelli; Roberta Azzone; Michael Moreno; Aretha Moreno; Marcos Casoni; Fernando Siqueira; Paulo Roberto Guedes e Rita

Guedes (meus padrinhos); Daniel Alvarenga (China); Leonardo Campos; Flavio Flores; Carla Branco; Maurício Olaia; Lucas Rigolino; Kiko Vital; Marcel Ferigato; Mauricio Stefanini; Luciana Manfredini; Edson Belo; Camila Schuman e Fábio Franco. E todos aqueles que de alguma forma contribuíram para o meu crescimento.

Aos que ostentam a responsabilidade social como talento, testificada pelos seus grandes feitos perante a sociedade Jundiaiense e o Estado de São Paulo, com os quais estabeleci vínculos: Dr. José Renato Nalini, meu eterno professor e incentivador, incansável defensor do meio ambiente; Cassiano Escudeiro - empreendedorismo na alma; Júlio Savoia – mediador de conflitos; Alexsander Gonçalves - entusiasmo e simpatia na vida empresarial; Mônica Leonardi – alegria que contagia seus liderados.

E naqueles momentos, que por força da profissão e dos estudos, e por que não dizer também, do lazer, necessitamos do apoio intrafamiliar. Não da pra esquecer de vocês: Gilmário Correia (Barral); Lídia Correia; Ivana Busato e Eldícia Correia (D. Dirce), não seria possível sem vocês. Aos meus primos: Márcia Cuevas, Gerson Cuevas, Lucas Cuevas e Manoélia Rosa, obrigado pelo apoio de sempre. Ao Seu Antônio Costa Carvalho, pelas orações e ter demonstrado que Maria sempre passa na frente.A minha vinda a este plano físico, que não seria possível se não fosse por eles, meus pais: Seu Antônio (in memorian) e Dona Raí, que em solo baiano me deram régua e compasso para essa experiência humana.

"Uma sociedade só tem chance quando os homens
de bem tem a mesma audácia dos corruptos."

(Benjamin Disraeli)

PREFÁCIO

Compliance: alavanca democrática – José Renato Nalini *

A proposta do Mestre Alex Cavalcante é original e benfazeja. Se adotada, representará efetivo aprimoramento da vida democrática brasileira. Os Partidos Políticos são sustentados com dinheiro do povo e permanecem imunes a qualquer controle, ressalvada a frágil fiscalização interna.

Recentes pesquisas realizadas com vistas a avaliar a credibilidade das instituições evidenciam que a atuação político-partidária não mereceu as melhores referências da população. Pluralidade de partidos, a tendência à formação de feudos de nepotismo e a busca de interesses pessoais, antes da satisfação do bem coletivo, descredenciam os políticos, na visão de boa parcela da sociedade civil. Não é raro surjam questionamentos quanto à eventual adoção de candidaturas avulsas, dispensada a filiação partidária.

Implementar o compliance trará inegável reforço ético à atuação dessas instituições que hoje enfrentam evidente mácula reputacional. Nada mais natural que organizações custeadas pelo povo sejam transparentes em relação a seu custeio e comprovem a lisura de seus gastos. Daí a oportuna e conveniente sugestão bem elaborada e melhor fundamentada por Alex Cavalcante, a quem a nacionalidade precisa agradecer, além de contribuir para que o conteúdo de sua dissertação se concretize.

(*) José Renato Nalini é Mestre e Doutor em Direito Constitucional pela USP, ex Presidente do Tribunal de Justiça do Estado de São Paulo e atual Secretário-Executivo das Mudanças Climáticas de São Paulo.

SUMÁRIO

SOBRE O AUTOR

Alex Cavalcante dos Santos

Alex Cavalcante é Advogado, Doutorando e Mestre em Ciências Jurídicas pela Ambra University School Of Legal Studies, Orlando Flórida – USA, com ênfase nas áreas de Risco e Compliance e certificação de reconhecimento pela Universidade Católica de Brasília-DF; Pós-graduado em: Direito Penal e Processo Penal; Direito Processual Civil; Direito do Trabalho e Processo do Trabalho, todas especializações pelo Complexo Damásio de Jesus/SP; Bacharel em Direito pelo Centro Universitário Padre Anchieta – Jundiaí/SP; Especialista em Administração Financeira pela Universidade Estácio de Sá/RJ; Licenciado em Filosofia e Ciências Humanas pela Universidade Católica do Salvador/BA. Coautor do Artigo " O Crime do Colarinho Branco como Obstáculo para o Desenvolvimento Econômico e o Equilíbrio Social da Nação", Publicado no XXXI Congresso Nacional de Pesquisa e Pós-Graduaçao em Direito – CONPEDI – Brasilia/DF em novembro/2024.

INTRODUÇÃO

Na sociedade atual, de forma reiterada, são vinculadas notícias relacionadas a escândalos e esquemas de corrupção em organizações privadas e públicas, fato este notado em função do avanço cibernético, da rapidez da disponibilidade de dados, do implemento de novas tecnologias, sobretudo no âmbito da segurança. Além disso, há uma constante divulgação de dados e fatos, seja de natureza lícita ou não, ainda mais no momento em que tanto se divulga notícias falsas, as chamadas fake news.

Nesse contexto, surgem diversos atos de corrupção no âmbito da gestão pública e privada, os quais tem sido investigados, descobertos e denunciados, com maior frequência nos últimos anos, sobretudo quando se faz uma comparação com data pretérita, envolvendo pessoas físicas e jurídicas. Inclusive, como em nossa abordagem, os partidos políticos, seus dirigentes e/ou demais integrantes, exercentes ou não de mandato/função política.

A fim de buscar uma solução para esse tipo de problema, ao longo do tempo, surgiu e vem se desenvolvendo uma prática de gestão, qual seja, o chamado "compliance". Este possibilita à instituição (pública ou privada - num sentido amplo) melhor se organizar, permitindo, assim, um controle e fiscalização mais eficiente, trazendo-lhes vantagens de toda sorte, como por exemplo, melhorar a sua imagem, permitir a obtenção de resultados mais satisfatórios no setor em que atua, controlar melhor os seus custos. Além disso, possibilita o desempenho de funções com responsabilidade, ética e probidade, envolvendo pessoas, tais como, dirigentes, funcionários, colaboradores e prestadores de serviço.

Nessa linha de pensamento, notadamente no aspecto interno, a instituição tem, especialmente, o compliance. Uma vez implantado, gera a possibilidade de estabelecer regras de conduta, inclusive éticas e morais, e exigir o seu cumprimento. Não que a utilização de compliance seja o único meio capaz de atender a tais regras, mas certamente tem se mostrado um meio eficaz.

Busca-se, dentre outras situações, construir uma cultura de integridade com a utilização dos princípios desenvolvidos no âmbito da cultura de compliance. Com isso, também se busca aprimorar a conduta ética e proba, sobretudo no âmbito da administração pública.

Segundo Dias (2022), ao se adequar esse programa de integridade no âmbito dos partidos políticos, observa-se uma correlação entre a política partidária e a lógica de mercado. Isso porque os partidos políticos se assemelham às empresas quando ofertam produtos (candidatos) aos seus consumidores (eleitores) com o intuito de cumprir as necessidades dos indivíduos por meio da gestão pública.

Desse modo, o presente trabalho abordará o cenário da utilização do compliance como ferramenta de gestão nas agremiações partidárias com registro no Tribunal Superior Eleitoral (TSE) até o ultimo pleito eleitoral (2022), com levantamento de dados estatísticos, percentualmente demonstrados com base nas informações disponibilizadas no sítio do TSE durante o segundo semestre de 2023. Também será abordada a extrema importância do compliance na seara empresarial e em instituições públicas, sob a ótica peculiar que envolve o ambiente eleitoral, analisando-se a possibilidade de existência e exigência do compliance no âmbito dos partidos políticos.

Ademais, no direito pátrio, em relação à utilização do compliance, nota-se benefícios e eventuais vantagens para a agremiação partidária e afiliados, meios e ferramentas possíveis para a implantação desse programa. Ao final, se verá que o compliance, adequado à esfera eleitoral/partidária, se regular e satisfatoriamente implantado, poderá evitar, eliminar ou minimizar os riscos e preocupações, sobretudo com o controle de gastos, doações e prestação de contas no âmbito dos partidos políticos.

Quanto à metodologia da pesquisa que viabilizou a obra em apreço, foi desenvolvida por meio de uma consulta bibliográfica, consistente na coleta de informações a partir de textos, livros, artigos, dissertações de mestrado e teses de doutorado, que abordam a temática do desenvolvimento e da implementação de um programa de compliance. Além disso, foi feito um levantamento de leis, decretos, manuais e materiais de caráter científico, que buscam consolidar a construção de uma prática de combate a corrupção e a criação de um sistema de integridade a ser aplicado na administração pública, bem como por empresas e organizações no âmbito privado e, conforme sobredito, a coleta de dados perante o sítio do TSE.

Destaca-se, que a coleta de informações para a construção deste texto se deu sobretudo por meio de uma extensa pesquisa na internet, por meio da qual se utilizou as seguintes palavras-chaves: "dissertações de mestrado compliance e partidos políticos e teses de doutorado referentes a compliance e partidos políticos".

Com isso, acessou-se a uma série de repositórios de dissertações de mestrado e teses de doutorado ligadas ao tema, de diversas universidades brasileiras públicas e privadas. O principal buscador foi o Google, de modo específico o Google Acadêmico, que também foi muito útil para seleção de material de excelente qualidade.

Ademais, foram utilizados diversos artigos acadêmicos sobre a temática de compliance e partidos políticos já publicados, corroborando para a boa fundamentação teórica do presente estudo, com filtros de pesquisa pela busca de material, concentrando-se no período de fevereiro a dezembro de 2023.

Nesse sentido, pode-se afirmar que se trata de uma obra com contornos mistos, podendo ser caracterizada, em parte, como um trabalho de compilação e, em outra parte, como um trabalho investigativo.

Na prática, trata-se de uma pesquisa de natureza exploratória, uma vez que tal modalidade de pesquisa é realizada com o intuito de se explorar um tema pouco conhecido ou ainda que não tenha sido muito estudado, visando compreender melhor o problema e a formulação de hipóteses para futuras pesquisas.

Os dados coletados por meio dos diversos materiais científicos estão dispostos, na presente obra, sob a forma de citações e referências, e serviram como embasamento para o desenvolvimento do assunto aqui relatado.

Para o pleno desenvolvimento do estudo que originou o livro, formulou-se a seguinte pergunta: Os Partidos Políticos devem ser obrigados por lei a implantar um Programa de Compliance? Qual percentual de Partidos Políticos registrados no sítio do TSE tem um Programa de Compliance implantado?

No mais, traçaremos a contribuição do compliance para a redução de práticas de corrupção, com o consequente aumento da credibilidade dos partidos políticos perante a sociedade.

Para melhor delinear o desenvolvimento do presente tema, desenvolveu-se os seguintes objetivos: analisar a plausibilidade de adoção de um programa de compliance no âmbito dos partidos políticos com registro no Tribunal Superior Eleitoral (TSE); estudar o conceito de compliance, seu desenvolvimento histórico, significado e a realidade de um programa de compliance no Brasil; investigar a importância de um programa de compliance no âmbito partidário, verificar a subsunção da Lei Anticorrupção; Lei de Improbidade Administrativa e o Novo Codigo dos Usuários dos Serviços públicos aos Partidos Políticos. Por fim, apontar os benefícios da implantação de um programa de compliance nos partidos políticos.

O desenvolvimento da presente obra justifica-se uma vez que se trata de questão relevante e atual. Também, porque a implantação de um programa de compliance partidário ainda não é uma realidade que faça parte da grande maioria dos partidos políticos. Identificamos, durante o estudo, apenas um partido político que possui um programa de compliance devidamente formalizado, entretanto, carente de plena funcionalidade.

Além disso, justifica-se o estudo, também, do ponto de vista acadêmico, pois, sobre este tema ainda não se tem muitos trabalhos. A presente obra irá contribuir para o enriquecimento do debate acerca do tema explorado.

Apenas como ilustração inicial da problemática aqui abordada, no último pleito eleitoral de 2022, a quantia destinada aos 32 (trinta e dois) partidos com registro no TSE chegou a cifra de R$ 4.961.519.777,00 (quatro bilhões, novecentos e sessenta e um milhões, quinhentos e dezenove mil, setecentos e setenta e sete reais). Constatamos que dos 32 (trinta e dois) partidos, apenas 1 (um) possui Programa de Compliance e 21 (vinte e um) partidos sequer possuem um código de ética propriamente dito. Das 10 (dez) legendas partidárias que foram agraciadas com os maiores recursos, 4 (quatro) não possuem um código de ética.

Por fim, trabalha-se com a hipóte de que a implantação de um programa de compliance contribui de forma decisiva para a construção do caráter de integridade no âmbito dos partidos políticos e, de forma significativa, para a melhoria da credibilidade da agremiação partidária perante o eleitorado.

COMPLIANCE

SIGNIFICADO DO TERMO E DESENVOLVIMENTO HISTÓRICO

A ideia e o conceito de compliance se desenvolveu nos Estados Unidos da América (EUA), disseminando-se posteriormente para muitos outros países. Na concepção de Ribeiro Junior (2018, p.75), o surgimento das grandes corporações nos EUA ocorreu no decorrer da década de 1930, a partir de onde os dirigentes passaram a conduzir a administração das empresas, atribuindo aos proprietários ou acionistas mais responsabilidades de cunho trabalhista, social e consumerista. A ideia de se regular a conduta, inclusive de funcionários de empresas privadas, teve sua gênese nos Estados Unidos.

Conforme Freitas e Oliveira (n.d.) em uma perspectiva empresarial, o compliance tem como finalidade a prevenção de infrações legais em geral, buscando diminuir e evitar os riscos relacionados à reputação das empresas nos casos envolvendo escândalos de corrupção. Em solo americano, o conceito de compliance teve o seu primórdio no âmbito das instituições bancárias, não demorando para se expandir para outros setores empresariais, no qual se percebeu diversas vantagens relacionadas à adoção de programas de compliance, sendo esta uma prática adotada posteriormente até mesmo pelo Poder Público. A nação norte americana tem dado contribuição significativa em relação ao desenvolvimento da política de compliance ao redor do mundo. Em suma, os EUA tem se mostrado um país precursor nas mais diversas matérias relacionadas ao combate à corrupção.

Segundo Freitas e Oliveira (n.d.), o marco legislativo se deu com o Foreign Corrupt Practices Act (FCPA), que consiste em um conjunto de leis dos

Estados Unidos criado em 1977 que trazia clara previsão de aplicar punição em relação à prática de corrupção internacional de empresas que atuavam no país americano. O FCPA serve como um marco porque, a partir dele, criou-se uma série de normas que tinha por finalidade o combate e a prevenção à corrupção pública, a partir da qual se incentivou a adoção dos chamados programas de compliance.

Para Freitas e Oliveira (n.d.), a partir da criação do FCPA, diversas empresas se deram conta de que teriam de lidar com uma grande desvantagem em termos de competitividade em relação às demais nações, as quais até então não haviam adotado legislação similar com intuito de combater a corrupção no ambito empresarial. O empresariado passou a exigir, então, que o governo pressionasse os demais países com os quais os Estados Unidos mantinham relações comerciais para que estes adotassem, de igual forma, uma legislação eficiente que pudesse combater de maneira efetiva as práticas de corrupção.

Conforme destacado por Freitas e Oliveira (n.d.), o Congresso americano autorizou o Presidente e a Casa Branca para que pudessem negociar um tratado internacional com os países-membros da Organização para Cooperação e Desenvolvimento Econômico (Organisation for Economic Co-operation and Development) – OCDE, tendo como objetivo coibir a prática do pagamento de propinas em relação às transações comerciais internacionais. Desse modo, em frente ao contexto histórico acima declinado, cogitou-se a ideia pela existência de uma governança moderna, o que, posteriormente, resultaria na aplicação dos primeiros modelos de governança que foram desenvolvidos no decorrer dos anos de 1950, tendo como exemplo a regulamentação antitruste, além do movimento pela ética, o qual foi amplamente defendido na década de 1970.

Ainda segundo Freitas e Oliveira (n.d.), o FCPA enviou um recado para a comunidade internacional, deixando claro que a cultura da corrupção é algo incompatível com o crescimento econômico mundial, criando-se, dessa forma, uma inovadora política criminal alicerçada na cooperação entre o setor público e privado. Segundo Silveira e Saad-Diniz (2015) apud Freitas e Oliveira (n.d.), a reação global gerada a partir da criação do FCPA, foi inicialmente responsável pela elaboração de uma variedade de acordos multilaterais organizada por diversos organismos internacionais.

De acordo com Veríssimo (2017) citada por Freitas e Oliveira (n.d.), dentre as legislações no ambito internacional voltadas para o combate às práticas de corrupção, destaca-se a lei anticorrupção da Inglaterra, de 2010, chamada de Bribery Act. Esta lei é tida como a mais moderna legislação anticorrupção britânica, criminalizando, inclusive, a corrupção ativa e passiva. Também é importante destacar o papel da Alemanha, enquanto um país que possui uma história voltada para o desenvolvimento de uma política de compliance, pois segundo Amaral (2018, p.02), a cidade de Frankfurt que sedia diversos bancos e empresas do setor financeiro, foi o berço de algumas das principais legislações visando à proteção de dados e política anticorrupção na Alemanha.

Segundo Timerman (2017, p.09), basta fazer uma retrospectiva de meados dos anos 2000 para se chegar a conclusão, inclusive de alguns especialistas, que apenas algumas pessoas na Alemanha tinham pleno conhecimento e eram familiarizadas com o significado do termo compliance. Aduz o mencionado autor que, mesmo para profissionais que lidavam diretamente com questões relacionadas a compliance, naquela época, o termo tinha um significado muito diferente dos dias atuais. Exemplifica afirmando que, para profissionais do setor financeiro, o termo compliance relacionava-se diretamente com combate à lavagem de dinheiro, ou então, relacionava-se ao combate voltado para o financiamento de terrorismo. No próprio ambiente alemão, a compreensão do termo passou por uma transformação significativa nas últimas décadas, saindo de um sentido único e voltando-se para uma interpretação mais abrangente com a qual está associado hoje.

Na perspectiva de Timerman (2017, p.13), hoje, programas de compliance em empresas alemãs tendem a seguir uma abordagem baseada em normas, nas quais os sistemas e a forma cotidiana consistem de uma ampla quantidade de políticas, aliadas a procedimentos, além de controles e mecanismos de relatórios. De acordo com Francisco (2023, p.01), "A Alemanha terra de Kant não por acaso, como não era de se surpreender, deu um salto gigantesco fortalecendo as políticas de compliance em todas as áreas de sua influência no mundo que não são poucas, inclusive em todos os fornecedores da América Latina".

A Alemanha aprovou, em 2023, a lei da Devida Diligência, a qual aborda deveres de diligência corporativa visando evitar as violações de direitos humanos e direitos ambientais nas cadeias de suprimentos ou, como denominam os alemães, Supply Chain. Tal norma representou a consagração de um marco regulatório relevante no que tange à responsabilidade social e ambiental em cadeias de valor e gestão de fornecedores. É relevante frisar que, hoje, a Alemanha tem uma sólida legislação e um sistema de compliance com um amplo significado, os quais buscam evitar e combater práticas de corrupção e lavagem de dinheiro.

A partir dessa compreensão de disseminação de combate das práticas de corrupção, na realidade brasileira, criou-se a manifestação da ideia de compliance existente até então. Desse modo, surgiu a Lei 12.846/2013 (Lei Anticorrupção), que, certamente, recebeu influência e inspiração da legislação norte americana no que diz respeito ao combate da corrupção. Todavia, não podemos deixar de mencionar que a legislação britânica também contribuiu nesse processo, haja vista que o UK Bribery Act, a nova lei do Reino Unido contra corrupção internacional teve seus reflexos no Brasil. Segundo Strassburger (2011, p.02), "empresas do Reino Unido com operações no Brasil, ou as empresas brasileiras que mantêm alguma relação comercial com o Reino Unido deverão se adaptar aos preceitos da nova lei". Ou seja, a legislação britânica também teve influência preponderante no que tange à criação de normas anticorrupção no Brasil.

Outrossim, em um contexto travado e marcado por conflitos entre o público e o privado, em uma dualidade entre um mundo arcaico e moderno, buscou-se desenvolver nos EUA o conceito de compliance decorrente do verbo to comply, cuja definição está associada diretamente com o significado de " conformidade com, tratando-se, de um conjunto de métodos e procedimentos capazes de promover o cumprimento da legislação, onde o programa de compliance visa estabelecer mecanismos e procedimentos que tornem o cumprimento da legislação parte da cultura corporativa" (Mendes & Carvalho, 2017, p. 31).

Diga-se de passagem que, do ponto de vista histórico, o compliance tem antecedentes cujas modificações ocorreram ao longo do tempo, o qual foi se transformando e se adequando às necessidades e ideias de acordo com as mudanças sociais de cada país. De acordo com Coimbra e Manzi (2010), as idéias de implantação do compliance tiveram um impulso mais relevante, principalmente, em decorrência dos mundialmente famosos escândalos de governança (Barings, Enron, World Com, Parmalat), além da crise financeira desencadeada em 2008.

De acordo com Neto e Neves (2022), o Compliance não traz consigo nenhuma novidade, todavia, é relevante fazer uma análise do histórico de desenvolvimento do compliance, pois tal análise auxilia na compreensão do que seja o compliance, sua existência e seus objetivos. Nesse caminhar histórico, é possível elencar três Convenções de extrema importância no âmbito internacional, como primeiras fontes do Compliance: em primeiro plano, destaca-se a Convenção de Combate à Corrupção de Funcionários Públicos em Transações Comerciais Internacionais da Organização para a Cooperação e Desenvolvimento Econômico (OCDE); em um segundo momento, deve-se considerar a Convenção Interamericana Contra a Corrupção da Organização dos Estados Americanos (OEA); em um terceiro momento, destaca-se a Convenção das Nações Unidas Contra a Corrupção (ONU).

A respeito da Convenção sobre o Combate à Corrupção de Funcionários Públicos em Transações Comerciais Internacionais da OCDE, esta foi encerrada em 17 de dezembro de 1997, tendo sido no Brasil promulgada pelo Decreto 3.678/00. Destaca-se que, no referido Decreto, os Estados-membros se comprometeram a trabalhar de forma conjunta, visando à implementação de medidas de ordem jurídica e administrativa com o objetivo maior de prevenir, deter e combater a corrupção de funcionários públicos estrangeiros, notadamente, aqueles ligados às Transações Comerciais Internacionais.

Consta no artigo 1º do Decreto 3.678/00 que "a Convenção sobre o Combate da Corrupção de Funcionários Públicos Estrangeiros em Transações Comerciais Internacionais, concluída em Paris, em 17 de dezembro de 1997, apensa por cópia a este Decreto, deverá ser executada e cumprida tão inteiramente como nela se contém" (Brasil, 2000). Uma vez que se tornou signatário de tal Convenção Internacional, o Brasil assumiu o ônus de cumprir com as obrigações impostas na referida Convenção na sua integralidade.

Importante registrar que, entre os objetivos constantes na mencionada Convenção da OCDE, busca-se impor responsabilidades para as pessoas jurídicas que venham a corromper funcionários públicos estrangeiros. Além disso, estabeleceu-se como objetivo a imposição de sanções cíveis ou administrativas às pessoas sobre as quais recaiam condenações por corrupção aos referidos funcionários. Esta convenção, também assegurou a prestação de assistência jurídica de forma recíproca entre os Estados que concordaram em assiná-la.

Com relação ao surgimento da Convenção da Organização para Cooperação e Desenvolvimento Econômico (OCDE), sua gênese reside no que foi denominado de problema concorrencial, posto que, na época do Foreign Corrupt Practives Act (FCPA), o congresso dos Estados Unidos já tinha desenvolvido a ideia de que a prática de corrupção acabava por produzir um degrau maior de lucro para algumas empresas, especialmente as estrangeiras, o que, por si só, criou uma notável desigualdade.

A Convenção Interamericana Contra a Corrupção da Organização dos Estados Americanos (OEA), teve como intuito buscar a promoção e o fortalecimento de mecanismos que sejam capazes e necessários para produzir prevenção, além de detectar e punir a corrupção nos seus mais diversos modos, sobretudo no exercício das funções públicas. Ressalta-se que, foi o Decreto nº 4.410, de 7 de outubro de 2002 que promulgou a Convenção Interamericana contra a Corrupção, de 29 de março de 1996, com reserva para o art. XI, parágrafo 1º, inciso "c". Neste sentido, tem-se a redação do artigo 1º do referido decreto, o qual prevê o seguinte: "A Convenção Interamericana contra a Corrupção, adotada em Caracas, em 29 de março de 1996, apensa por cópia ao presente Decreto, será executada e cumprida tão inteiramente como nela se contém, com reserva para o art. XI, parágrafo 1º , inciso 'c'".

Por fim, tem-se a Convenção das Nações Unidas Contra a Corrupção, da Organização das Nações Unidas (ONU). É importante mencionar que esta convenção é composta por 71 artigos, os quais são divididos em 8 capítulos, sendo de bom alvitre apontar que os temas mais relevantes estão agregados em quatro capítulos, os quais abordam: prevenção, penalização e recuperação de ativos e cooperação internacional. Porém, é pertinente citar que tais capítulos requerem adaptações legislativas e/ou ações concomitantes à aplicação da convenção a cada país.

Em observância a convenção anteriormente citada, é relevante destacar o Decreto 5.687/2006, o qual dispõe em seu artigo 1º o seguinte: "a Convenção das Nações Unidas contra a Corrupção, adotada pela Assembléia-Geral das Nações Unidas em 31 de outubro de 2003, e assinada pelo Brasil em 9 de dezembro de 2003, apensa por cópia ao presente Decreto, será executada e cumprida tão inteiramente como nela se contém". Oportuno dizer que se trata da Convenção ocorrida em Mérida, no México, na Conferência de Alto Nível, realizada sob os auspícios do Escritório das Nações Unidas contra Drogas e Crimes (UNODC) e do Governo do México.

Além de todas as Convenções internacionais já elencadas, no que tange ao início do compliance, ressaltamos ainda a importância do Comitê da Basiléia, o qual também possui sua relevância histórica:

> À medida que a tecnologia foi permitindo um maior e mais rápido fluxo internacional de capitais, o sistema bancário de cada país passou a ter efeitos importantes fora de suas fronteiras. Foi quando a comunidade internacional percebeu que era necessário uniformizar o funcionamento dos bancos em todo o mundo. Quem tomou a frente dessa tarefa foi justamente o comitê que costuma se encontrar na Basiléia. Em 1988, ele apresentou 25 princípios que formaram o Acordo de Capital da Basiléia. Eles estabelecem uma metodologia de avaliação de risco de crédito buscando garantir a saúde do sistema. Outros países aderiram ao acordo e as instituições tiveram um

prazo de quatro anos para se adpatar às novas regras. Em 1997, o comitê decidiu ampliar os princípios para adaptá-los às mudanças do mercado. A nova versão ficou conhecida como Basiléia II e estabelece níveis mínimos de estoques de capital para os bancos, novas normas contábeis mais transparentes e maior segurança dos sistemas e dos dados". (Wolffenbuttel, p.72, 2006).

Conforme aludido no texto acima, o Comitê da Basiléia buscou estabelecer os níveis mínimos relacionados aos estoques de capital dos bancos, além de que, exigiu normas mais confiáveis no que se refere aos aspectos contábeis com o intuito de prevenir fraudes. Em que pese a considerável relevância do Comitê da Basiléia, voltado sobretudo para o sistema financeiro, não se pode ignorar, de igual forma, as Recomendações emanadas do Grupo de Ação Financeira Internacional (GAFI), criado pelos sete países mais ricos do mundo.

Segundo Souza (2021, p.02), o GAFI surgiu para definir políticas, além de patrocinar a efetiva implementação de medidas legais, regulatórias e operacionais de combate à lavagem de dinheiro e ao financiamento do terrorismo. Ademais, afirma Souza, dentre outras missões, o referido Grupo instituiu, ainda na década de 90, as Quarenta Recomendações, as quais, na época, tinham como finalidade combater o uso indevido dos sistemas financeiros por pessoas que tivessem a intenção de lavar o dinheiro oriundo do tráfico de drogas.

Ainda de acordo com Souza (2021, p.07), no âmbito da realidade brasileira, as Quarenta Recomendações do GAFI não foram alçadas ao patamar de normas de hard law, ou seja, não possuem natureza vinculante como leis nacionais, mas de mera recomendação. Entretanto, no âmbito da reforma da legislação que versa sobre a Lavagem de Dinheiro, não poderá contrariar as sobreditas Recomendações do GAFI, buscando, nesse sentido, agregar e aprender com as experiências exitosas de outras Nações, uma vez que, tais orientações já produziram normas interessantes de compliance por meio das Recomendações, Notas Explicativas e Metodologia de Avaliação.

Importante, também, apontar os impactos da crise econômica de 2008 para a disseminação e o desenvolvimento do compliance. Essa crise, certamente, trouxe sérios prejuízos para a economia global. De acordo com Okomura (2017, p.30), a "crise de 2008 e o declínio econômico global que a seguiu, a chamada Grande Recessão, foram a maior crise econômica e financeira em escala mundial registrada pela história desde a Crise de 29 e a Grande Depressão".

Após sucessivas crises enfrentadas no decorrer do tempo, houve a necessidade de se criar inúmeras leis em diversos países, os quais instituíram a obrigação da instalação de mecanismo de monitoramento interno de fraudes, pois, segundo Bottini (2023, p.01), "a preocupação com o desenvolvimento de setores para o cumprimento de normas teve início há menos de uma década, em especial no setor bancário", sobretudo com a preocupação de se combater lavagem de dinheiro, e na busca de criar uma legislação para as instituições financeiras, segundo a ótica de Silveira e Sadd-Diniz (2012).

Vale destacar que a crise de 2008, em parte, ocorreu em decorrência da não observância dos atos normativos já existentes, os quais visavam exatamente combater fraudes. Basta lembrar que, em 2008, já existiam a Convenção de Combate a Corrupção da ONU, bem como, a Convenção da OCDE, mas mesmo assim não foram suficientes para coibir determinadas práticas ilícitas.

No limiar das normas que influenciaram a legislação brasileira no combate às praticas ilícitas, temos como exemplo a Convenção Interamericana Contra a Corrupção da Organização dos Estados Americanos (OEA). Aprovada pelo Decreto Legislativo 152/02 e promulgada pelo Decreto 4.410/02, esta convenção promove e fortalece os mecanismos necessários para prevenir, detectar e punir a corrupção no exercício das funções públicas, assim como os atos de corrupção especificamente vinculados ao seu exercício. Ainda nesse caminho, temos a sobredita Convenção das Nações Unidas Contra a Corrupção da Organização das Nações Unidas (ONU), a qual foi ratificada pelo Decreto Legislativo 348/05 e promulgada pelo Decreto Presidencial 5.687/06. Publicada no Brasil por meio do site das Nações Unidas no Brasil, a convenção tratou de diversos aspectos do tema, tendo sido fundamentada em quatro tópicos de grande importância. O primeiro se refere às medidas preventivas visando combater a corrupção; o segundo se refere a criminalização e aplicação da lei para aqueles que efetivamente foram julgados e condenados como corruptos; o terceiro aspecto está relacionado à cooperação internacional com o apoio dos países signatários; por fim, aborda a recuperação de ativos, ou seja, como recursos que foram desviados possam ser recuperados.

O segundo capítulo da Convenção das Nações Unidas contra Corrupção é inteiramente dedicado a este tema. Tal capítulo é composto de dez artigos e menciona uma série de medidas que devem ser implantadas pelos Estados-partes com a única finalidade de promover a integridade, a transparência e a boa governança nos setores público e privado.

É importante destacar que, dentre outras obrigações, o artigo 5º da referida Convenção estabelece aos Estados-partes que se comprometam com a adoção de políticas públicas voltadas ao combate da corrupção. O objetivo é promover o envolvimento, bem como a participação da sociedade e, de forma concomitante, buscar refletir sobre os princípios do Estado de Direito com a devida gestão dos assuntos e bens públicos. Além disso, busca-se a observância da integridade e da transparência como valores que devem ser preservados.

A Convenção das Nações Unidas traz clara previsão de que, cada Estado-parte, conforme consta em seu ordenamento jurídico, deve garantir a existência de um órgão ou diversos órgãos, os quais devem ser dotados da independência necessária, com a finalidade de aplicar, desenvolver, coordenar e difundir políticas de prevenção contra a corrupção. Destaca-se que, a referida Convenção, traz questões muito relevantes sobre as medidas preventivas que devem ser adotadas no âmbito do setor público, nas quais se notabilizam temas relacionados aos aspectos de contratação e promoção de servidores públicos.

Enfim, ao longo do tempo, foram produzidas várias outras normas sobre compliance, mundialmente já comentadas e conhecidas, tais como: 1996 (OEA), 2000 (OCDE), 2002 (ONU - Global Pact), 2010 (UK - Bribery Act) e, recentemente, em 2013, foi publicada a Lei nº 12.846 no Brasil, conhecida como lei anticorrupção. De acordo com Veríssimo (2018) e Júnior (2018), esta lei contribuiu de modo significativo para a implementação do compliance no Brasil, a exemplo da Lei 14.133/2021, que discorre sobre Licitações e Contratos.

O Bribery Act de 2010 ("UKBA"), considerada a principal lei anticorrupção no Reino Unido, merece um lugar especial na trajetória do histórico de combate as práticas de corrupção. Tal legislação entrou em vigor em julho de 2011 e se aplica ao combate à pratica de suborno nos setores público e privado. A UKBA, como é comumente conhecida, foi um divisor de águas no combate à corrupção não apenas no Reino Unido, mas influenciou outros países a criar normas semelhantes visando combater os atos de ilicitude.

De acordo com Bottini (2013), há países que criaram ou incrementaram a responsabilidade penal de pessoas jurídicas, os quais buscaram estabelecer como parâmetro para fixação de pena a existencia de sistemas de compliance robustos, a exemplo da legislação da Espanha. Na esfera privada, em virtude da força inicial que o compliance recebeu nas instituições financeiras, para as quais se converteu em segmento regulatório, surgiram diversos ramos que passaram a ser regulados, como o farmacêutico e o de telecomunicações. Mais recentemente, expandiu-se para os mais variados setores.

O compliance deve ser considerado como uma questão estratégica que se aplica a todos os tipos de organizações, tanto empresas privadas de qualquer segmento econômico, quanto entidades do terceiro setor ou entidades públicas (pequenas ou grandes) e, sobretudo, as sociedades anônimas de capital aberto ou fechado de todas as regiões do mundo. A sua importância não pode ser desprezada no aspecto eleitoral, abrangendo, sobremodo, as agremiações partidárias, como será visto adiante.

Deve-se atentar ao fato de que o uso do compliance e suas ferramentas não deve ficar restrito apenas à dimensão do combate à corrupção, mas de igual modo, para a sua utilização e aplicabilidade no que diz respeito à lavagem de dinheiro. Como disposição legislativa acerca do combate a tal prática ilícita, temos, no cenário brasileiro, a Lei 9.613/1998, que "dispõe sobre os crimes de "lavagem" ou ocultação de bens, direitos e valores; a prevenção da utilização do sistema financeiro para os ilícitos", além de criar o Conselho de Controle de Atividades Financeiras – COAF e instituir, para todos, o dever de informar sobre a movimentação de recursos financeiros, veja-se o que afirma o artigo 9º:

> Art. 9º. Sujeitam-se às obrigações referidas nos arts. 10 e 11 as pessoas físicas e jurídicas que tenham, em caráter permanente ou eventual, como atividade principal ou acessória, cumulativamente ou não: I - a captação, intermediação e aplicação de recursos financeiros de terceiros, em moeda nacional ou estrangeira; II – a compra e venda de moeda estrangeira ou ouro como ativo financeiro ou instrumento cambial; III - a custódia, emissão, distribuição, liqüidação, negociação, intermediação ou administração de títulos ou valores mobiliários.

Convém esclarecer que a prática da corrupção no Brasil, em qualquer setor é reprovável. Entretanto, não existe ainda tipificação específica no direito penal no tocante a corrupção entre entes exclusivamente privados, sendo, evidentemente, inaceitável do ponto de vista ético.

Ainda de modo a ampliar o esclarecimento e a conceituação do compliance nas suas múltiplas aplicações setoriais, pode-se afirmar que o referido termo significa agir de acordo com uma regra, uma instrução interna, um comando ou um pedido. Significa fazer as coisas em conformidade. Pode-se afirmar, também, que possui o significado de ato ou procedimento para assegurar o cumprimento das normas reguladoras de determinado setor.

Na perspectiva de Bruno Carneiro Maeda (2013), referente ao conceito de compliance, e se dedicando, especificamente, sobre a questão da Lei Anticorrupção:

> Embora a terminologia Compliance se aplique, de forma ampla, a diversas áreas de relevância para o cumprimento de normas legais e éticas, o foco do presente artigo será, a criação e a implementação

> de mecanismos, controles e procedimentos internos voltados ao combate à corrupção. (Maeda, 2013, p.167)

Ao se pensar em compliance, afirmamos que não se trata, por dedução lógica, de um sistema infalível capaz de resolver todos os problemas de uma empresa, seja pública ou privada. O compliance tem a finalidade de diminuir de modo considerável "as possibilidades de que ele ocorra, e criar ferramentas para que a empresa rapidamente identifique sua ocorrência e lide da forma mais adequada possível com o problema" (Mendes & Carvalho, 2017, p. 31).

Doutra banda, o conceito e a aplicabilidade do compliance não deve ficar restringido tão somente ao aspecto do combate a corrupção, posto que seu objetivo é adequar as práticas de governança corporativa com as devidas imposições previstas em Lei e, com isso, tal adequação pode ocorrer em qualquer âmbito. Nesse sentido:

> O Compliance apresenta diferenciação temática, de acordo com o ramo do direito ou problema específico ao qual se relacione. Assim, além do campo clássico do direito bancário e de ações, existe o compliance com as normas de direito do trabalho, de proteção de dados, do comércio internacional, com as normas tributárias de proteção da saúde e as relativas à indústria farmacêutica, entre outras. (Veríssimo, 2020, p. 92)

Diante do exposto, pode-se afirmar que a aplicação do compliance constitui um sistema multidisciplinar em todas as áreas, sendo sua aplicabilidade perfeitamente possível, denominando-se o profissional com atuação nesse ramo de compliance officer. De acordo com Vogel (2009, p.72), citado por Coimbra e Manzi (2013, p.27), o compliance pode ser definido como um "conceito que provem da economia e que foi introduzido no direito empresarial, significando a posição, observância e cumprimento das normas, não necessariamente de natureza jurídica."

Apesar de se tratar de um tema recente, normas internacionais já preveem um padrão internacional para os programas de compliance, como foi o caso da ISO 19600:2014 - Sistema de gestão de compliance — Diretrizes, editada pela International Organization for Standardization (ISO 19600). Esta norma foi devidamente revisada pela ISO 37301:2021, a qual, neste aspecto, fornece certificação no que concerne à aplicação de leis e boas normas de governança.

De acordo com Jesus (2015, p.49), a definição de compliance está relacioanada ao "resultado de uma organização cumprir suas obrigações, e que é tornado sustentável pela incorporação na cultura da organização, no comportamento e na atitude das pessoas que trabalham nela".

Vale lembrar que, em 13 de abril de 2021, foi publicada a já mencionada ISO 37301:2021, a qual normatiza os sistemas de gestão de compliance. Esta norma, além de substituir a ISO 19600, criou a normatização para sistemas de gestão de compliance em organizações públicas e privadas. A nova norma apresenta, como evolução, requisitos específicos, e não mais apenas diretrizes, que devem ser seguidos para a implementação e a manutenção de um programa efetivo de compliance.

Há que se enaltecer a ISO, particularmente, sobre sua importância, por se tratar da certificação de uma prática. Destaca-se, ainda, que a ISO possui um substrato de relevância dentro das organizações, visto ser uma previsão normativa com a necessidade da aplicação de normas e leis para disciplinar as mais diversas matérias, considerando, neste aspecto, que a certificação de uma prática é fundamental para regulamentar uma questão técnica.

O compliance tem o significado de estar em conformidade com leis, códigos de ética e de conduta, além de regulamentações internas e externas, inerentes ao ambiente de uma organização. Sabe-se que sua origem está diretamente ligada à regulamentação do mercado financeiro, todavia, posteriormente, a aplicabilidade do compliance também foi estendida para ser utilizada na conduta do universo corporativo, Neste, o programa de conformidade acabou por evoluir para se adequar às necessidades de acordo com novas normas e a legislação.

Sabe-se que, no Brasil, existe uma varidade de normas nacionais que abordam, definem ou apontam para o compliance. Há leis e outras normas que buscam pautar a conduta humana em diversos âmbitos, visando à construção dos programas de compliance, cujo notório destaque se percebeu após a regulamentação da Lei Anticorrupção, com expressa previsão de punições civis e administrativas direcionadas para as empresas que não estejam alinhadas às boas práticas administrativas de um modo geral. Destaca-se o Decreto 11.129/2022, que regulamentou a Lei nº 12.846, de 1º de agosto de 2013, que dispõe sobre a responsabilização administrativa e civil de pessoas jurídicas pela prática de atos contra a administração pública, nacional ou estrangeira. Esta ficou conhecida no Brasil como Lei Anticorrupção ou Lei da Empresa Limpa, hoje reconhecida como um marco para a difusão e a consolidação do compliance no Brasil.

A Lei nº 12.846/2013 não prevê punição no âmbito criminal, todavia, a referida Lei Anticorrupção assegura responsabilização em caráter administrativo e civil das pessoas jurídicas que contribuam para colocar em risco o patrimônio público nacional ou estrangeiro, agindo ilicitamente com fraudes, golpes ou outros atos irregulares por meio de licitações e contratos. É claro que as consequências recaem sobre a pessoa jurídica, independentemente da culpabilização individual, sendo possível a aplicação de multas e a dissolução da sociedade empresarial sem prejuízo de outras penalidades.

Em seu artigo 1º, a Lei nº 12.846/2013 dispõe sobre a responsabilização objetiva administrativa e civil de pessoas jurídicas pela prática de atos contra a administração pública, nacional ou estrangeira, definindo com clareza quais seriam os atos lesivos:

> Constituem atos lesivos à administração pública, nacional ou estrangeira, para os fins desta Lei, todos aqueles praticados pelas pessoas jurídicas mencionadas no parágrafo único do art. 1º , que atentem contra o patrimônio público nacional ou estrangeiro, contra princípios da administração pública ou contra os compromissos

internacionais assumidos pelo Brasil, assim definidos. (Brasil, 2013, p.01)

A lei é muito clara ao afirmar que os atos que atentem contra o patrimônio publico nacional ou estrangeiro devem receber a devida reprimenda do Estado, conforme a própria legislação estabelece, prevendo sanções de multa e publicação extraordinária da decisão condenatória.

Há, também, de se mencionar a Lei 8.429/92 (Lei de Improbidade Administrativa), considerada uma regulamentação de fundamental importância para o universo do compliance. A referida lei traz em seu cerne, como elemento central, a previsão de responsabilização de agentes públicos por enriquecimento ilícito, que venham a causar prejuízos ao erário e que atentem contra os Princípios da Administração Pública. A lei deixa claro que empresas privadas que são contratadas pelo poder público também podem ser responsabilizadas caso venham a se envolver em fraudes constatadas em licitações e contratos.

Especificamente sobre o artigo 1º da Lei nº 8.429/92, este estabelece que "O sistema de responsabilização por atos de improbidade administrativa tutelará a probidade na organização do Estado e no exercício de suas funções, como forma de assegurar a integridade do patrimônio público e social, nos termos desta Lei" (Brasil, 1992, p.01). É cristalina a redação da lei em comento quando esta afirma que protegerá a probidade em relação a organização do Estado, ou seja, existe clara preocupação em assegurar a integridade do patrimônio público, buscando-se o desenvolvimento de uma cultura de honestidade e seriedade no âmbito da administração pública.

Relevante citar a já mencionada Lei 14.133/2021, que versa sobre Licitações e Contratos Administrativos. A referida lei estabelece normas gerais de licitação e contratação para as Administrações Públicas diretas, autárquicas e fundacionais da União, dos Estados, do Distrito Federal e dos Municípios, conforme clara previsão do seu artigo 1º.

Temos, também, como instrumento normativo utilizado como procedimento de conformidade, o Guia para Programas de Compliance do Conselho Administrativo de Defesa Econômica (CADE), o qual criou, em 2016, um material relevante e gratuito para orientar empresas a elaborar internamente o seu respectivo programa de compliance. A portaria nº 283/2018, por sua vez, regulamenta a gestão de riscos e serve como vetor de referência para outras instituições públicas e privadas. Tal portaria aprovou, ainda, a Política de Governança, Gestão de Integridade, Riscos e Controles da Gestão no âmbito do Cade, buscando a promoção de atividades que assegurem a probidade e a transparência no âmbito do Conselho.

Vale a pena mencionar que a Controladoria Geral da União (CGU) possui o seu programa de integridade. Tal programa "consiste em um conjunto estruturado de medidas institucionais voltadas para a prevenção, detecção, punição e remediação de práticas de corrupção, fraudes, irregularidades e desvios éticos e de conduta" (Portaria Nº 750/2016, p.15). O Programa de Integridade da CGU, conforme disponível em seu próprio site (CGU, 2024, p.23), é uma ferramenta de governança que tem como objetivo assegurar que dirigentes, servidores e demais colaboradores do órgão atuem segundo os valores, princípios éticos e padrões para cumprimento de sua missão, dentro dos limites da legalidade, da eficiência e da moralidade administrativa.

A Portaria Normativa CGU nº 61, de 21 de março de 2023, instituiu o Núcleo de Gestão da Integridade (NGI) da Controladoria-Geral da União e, conforme disposto em seu próprio site, é responsável por coordenar a estruturação, a execução, o monitoramento e a avaliação do Programa de Integridade da CGU, além de orientar e promover o treinamento dos servidores com relação à temática da integridade. O NGI é composto pelo Secretário-Executivo Adjunto, que o coordena, pelo Coordenador-Geral da Coordenação-Geral de Processos e Riscos, pelo Presidente da Comissão de Ética da CGU, além de representantes da Ouvidoria-Geral da União, da Corregedoria-Geral da União e da Assessoria Especial de Comunicação Social.

Temos ainda a Instrução Normativa Conjunta MP/CGU nº 01, de 2016, a qual dispõe sobre controles internos, gestão de riscos e governança no âmbito do Poder Executivo federal. O artigo 1º da referida Instrução Normativa é muito claro ao afirmar que: "Os órgãos e entidades do Poder Executivo federal deverão adotar medidas para a sistematização de práticas relacionadas à gestão de riscos, aos controles internos, e à governança". Na prática, a referida Instrução Normativa aplica-se a todos os órgãos e entidades do Poder Executivo Federal.

Deve-se destacar, também, a Lei Geral de Proteção de Dados Pessoais (LGPD). Esta foi regulamentada em 2018 (Lei nº 13.709/2018) e diz respeito ao tratamento de dados de pessoas físicas por empresas e seus colaboradores.

Frisa-se que a LGPD foi instituída para garantir, entre outros aspectos, a segurança, a transparência, a privacidade e o controle do cidadão brasileiro sobre os seus dados pessoais. Neste sentido, tal lei, inevitavelmente, enquadra-se no programa de conformidade, com o intuito de garantir que todos os procedimentos e ferramentas estejam alinhados à legislação, visando evitar vazamentos, comercialização e outras ilicitudes praticadas contra a base de dados. A LGPD é muito clara ao afirmar a sua finalidade, a qual dispõe sobre "o tratamento de dados pessoais, inclusive nos meios digitais, por pessoa natural ou por pessoa jurídica de direito público ou privado, com o objetivo de proteger os direitos fundamentais de liberdade e de privacidade e o livre desenvolvimento da personalidade da pessoa natural" (Brasil, 2018, p.01).

Em uma sociedade marcada por constantes fraudes, bem como pelo uso indevido de dados sigilosos das pessoas, a referida lei é de suma importância para que os cidadãos tenham suas informações pessoais protegidas. Nesse sentido, ressalta-se que:

> A proteção dos dados pessoais alcançou uma dimensão sem precedentes no âmbito da assim chamada sociedade tecnológica, notadamente a partir da introdução do uso da tecnologia da informática e da ampla digitalização que já assumiu um caráter onipresente e afeta todas as esferas da vida social, econômica, política, cultural contemporânea no mundo. (Sarlet, 2022, p.21)

Volvendo o que dispõe a Constituição Federal de 1988, precisamente em seu artigo 37, § 3º, I, esta definiu que os usuários dos serviços públicos devem ter meios de "participação" em relação a Administração Pública, sendo que uma das formas de participação se traduz na possibilidade dos cidadãos fazerem reclamações no que tange à qualidade dos serviços públicos.

Nesse sentido, temos a Lei nº 13.460/2017 (p.01), a qual deve ser aplicada, subsidiariamente, aos serviços públicos prestados por particular, como, por exemplo, no caso de um hospital de natureza privada que possui convenio com ente governamentalpara prestação de serviços públicos. Ademais, a lei definiu alguns conceitos, quais sejam:

> Art. 2º Para os fins desta Lei, consideram-se:
>
> I - usuário - pessoa física ou jurídica que se beneficia ou utiliza, efetiva ou potencialmente, de serviço público; II - serviço público - atividade administrativa ou de prestação direta ou indireta de bens ou serviços à população, exercida por órgão ou entidade da administração pública; III - administração pública - órgão ou entidade integrante da administração pública de qualquer dos Poderes da União, dos Estados, do Distrito Federal e dos Municípios, a Advocacia Pública e a Defensoria Pública; IV - agente público - quem exerce cargo, emprego ou função pública, de natureza civil ou militar, ainda que transitoriamente ou sem remuneração; e V - manifestações - reclamações, denúncias, sugestões, elogios e demais pronunciamentos de usuários que tenham como objeto a prestação de serviços públicos e a conduta de agentes públicos na prestação e fiscalização de tais serviços. (Brasil, 2017)

Estabeleceu a Lei nº 13.460/2017, que o acesso do usuário as informações é um direito do cidadão, na forma do que dispõe a Lei nº 12.527/2011 (Lei de Acesso à Informação). Nesse sentido, cada Poder e esfera de Governo precisa publicar um quadro geral contendo todos os serviços públicos que tenham sido prestados, no qual deve especificar os órgãos ou entidades responsáveis por sua realização.

Há que se mencionar o Decreto n° 9.203/2017, o qual dispõe sobre a política de governança da administração pública federal direta, autárquica e fundacional. O artigo 2º, inciso I, estabelece o conceito de governança pública como o "conjunto de mecanismos de liderança, estratégia e controle postos em prática para avaliar, direcionar e monitorar a gestão, com vistas à condução de políticas públicas e à prestação de serviços de interesse da sociedade" (Brasil, 2017, p.01).

A Controladoria Geral da União (CGU), por sua vez, estabeleceu orientações para que "os órgãos e as entidades da administração pública federal direta, autárquica e fundacional adotem procedimentos para a estruturação, a execução e o monitoramento de seus programas de integridade e dá outras providências" (Portaria n° 1.089, de 25 de abril de 2018, p.05).

Ainda no âmbito da CGU, esta emitiu a Portaria nº 909, de 07 de abril de 2015, a qual dispõe sobre a avaliação de programas de integridade de pessoas jurídicas. Dentre outras questões, também trata sobre a avaliação do referido programa de integridade e do relatório de perfil, assim como destaca o relatório de conformidade do programa, segundo o qual a pessoa jurídica deverá:

> I - informar a estrutura do programa de integridade, com: a) indicação de quais parâmetros previstos nos incisos do caput do art. 42 do Decreto nº 8.420, de 2015, foram implementados; b) descrição de como os parâmetros previstos na alínea "a" deste inciso foram implementados; c) explicação da importância da implementação de cada um dos parâmetros previstos na alínea a deste inicso, frente às especificidades da pessoa jurídica, para a mitigação de risco de ocorrência de atos lesivos constantes do art. 5º da Lei nº 12.846, de 1º de agosto de 2013; II - demonstrar o funcionamento do programa de integridade na rotina da pessoa jurídica, com histórico de dados, estatísticas e casos concretos; e III - demonstrar a atuação do

> programa de integridade na prevenção, detecção e remediação do ato lesivo objeto da apuração. (Portaria nº 909/2015, p.05)

O próprio Governo Federal tem exigido das pessoas jurídicas a instituicionalização de um programa de integridade com o intuito de evitar atos lesivos para a Administração Pública de um modo geral, pois o compliance contribuiu de forma decisiva para promover uma governança de probidade e boas práticas, seja no âmbito de empresas públicas ou das empresas privadas.

Nesse diapasão, a Lei 14.133/2021 (Licitação e Contratos da Administração Pública) aponta para princípios que não devem ser ignorados, pois seu artigo 5º prevê:

> Na aplicação desta Lei, serão observados os princípios da legalidade, da impessoalidade, da moralidade, da publicidade, da eficiência, do interesse público, da probidade administrativa, da igualdade, do planejamento, da transparência, da eficácia, da segregação de funções, da motivação, da vinculação ao edital, do julgamento objetivo, da segurança jurídica, da razoabilidade, da competitividade, da proporcionalidade, da celeridade, da economicidade e do desenvolvimento nacional sustentável, assim como as disposições do Decreto-Lei nº 4.657, de 4 de setembro de 1942. (Lei de Introdução às Normas do Direito Brasileiro; Brasil, 2021, p.01).

A própria lei aborda a necessidade de probidade administrativa, para que a administração não venha ser lesada em atos praticados por funcionários públicos, incentivando uma prática de integridade no âmbito da administração pública.

Ademais, a preocupação em desenvolver uma política de integridade também tem sido trabalhado pelo Tribunal de Contas da União (TCU), tanto que, em 2018, publicou o Referencial a Fraude e Corrupção. Ao lançar tal obra, o TCU defendeu que esperava "contribuir para que as organizações públicas possam se proteger da fraude e corrupção, e assim oferecer o serviço público que os brasileiros tanto anseiam e merecem" (TCU, 2018).

ESCLARECIMENTOS NECESSÁRIOS SOBRE GOVERNANÇA CORPORATIVA E COMPLIANCE

Como se verifica na doutrina e em textos normativos (administrativos e legislativos), bem como no presente estudo, invariavelmente há a referência ao compliance como Programa de Conformidade, Programa de Integridade, Programa de Gestão, Ferramenta de Gestão, Prática de Gestão, pelo que se faz mister registrar que tais expressões constituem um gênero, do qual são espécies: a Governança Corporativa e o Compliance.

De acordo com o Instituto Brasileiro de Governança Corporativa (IBGC), ao citar Ferreira (2020), governança corporativa "é o sistema pelo qual as empresas e demais organizações são dirigidas, monitoradas e incentivadas, envolvendo os relacionamentos entre sócios, conselho de administração, diretoria, órgãos de fiscalização e controle e demais partes interessadas" (Ferreira, 2020, p.01).

Em outras palavras, segundo Reis (2018, p.52), trata-se de um conjunto de práticas que tem como objetivo conciliar os interesses de stakeholders da organização (em especial, acionistas, diretores e sócios) com os interesses dos órgãos de fiscalização e regulamentação e do próprio governo (ou seja, são estratégias utilizadas para reafirmar o valor da empresa perante seus diferentes públicos).

A governança corporativa é, especialmente, relevante no contexto de grandes negócios, em que existem diferentes atores no processo de tomada de decisões. Por sua vez, o compliance é uma ferramenta que busca estabelecer formas para controlar o cumprimento das leis e normas às quais a empresa está sujeita. Essas duas práticas de gestão possibilitam à empresa (no sentido amplo), organizar, controlar e fiscalizar toda a organização e os atores dela (colaboradores/empregados e terceirizados), permitindo que consigam melhores resultados no mercado em que atuam, atendendo, não somente às demandas do público-alvo, de acionistas e outros interessados, como também da própria estrutura interna (dos gestores aos colaboradores).

Contudo, há de se ressaltar que governança corporativa e compliance são ferramentas de gestão distintas. Em que pese ambas, genericamente consideradas, constituírem práticas de gestão que buscam o difícil equilíbrio entre o agir de acordo com preceitos éticos, legislação e o alinhamento dos interesses de executivos, proprietários e acionistas de forma a garantir a perenidade e a sustentabilidade do negócio, elas possuem diferenças, sendo a respectiva relação com os valores do negócio a principal distinção entre elas. Enquanto a governança corporativa alinha a mentalidade dos stakeholders aos processos de gestão, o programa de compliance determina as formas como isso acontece.

Efetivamente, governança corporativa e compliance são conceitos e práticas complementares que permitem às empresas conseguir melhores resultados no mercado em que atuam, como também na própria estrutura interna – dos gestores aos colaboradores. É importante frisar que isso não faz com que o compliance seja menos importante. A complementariedade entre ambas é entendida como interdependência, uma vez que, sem compliance, a governança pode ser prejudicada. Elas devem ser harmônicas entre si.

Fundamentalmente, a governança corporativa mostra que a instituição está preocupada com a ética e a transparência, tendo o objetivo de evitar conflitos de interesse. Já o compliance funciona como um meio para assegurar a conformidade de atuação daquela, com as leis e regras aplicáveis. Em termos gerais, ambas as práticas acabam compartilhando do mesmo fim: conservar a ética, a integridade e a saúde do negócio.

Na concepção de Barbosa (2019, p.269), "o compliance representa impulso para estruturar as atividades, sendo elas privadas ou públicas", pois tal mecanismo possibilita detectar e evitar o descumprimento da lei, as práticas de corrupção e as fraudes.

Segundo Marco Assi (2018, p.05), compliance é "um sistema de controle interno que permite esclarecer e proporcionar maior segurança àqueles que utilizam a contabilidade e suas demonstrações financeiras para análise econômico-financeira", sendo uma das suas missões trazer solidez e estabilidade nas instituições que se submetem a esse instrumento.

Conforme o entendimento de Ilana Luz (2017, p.264), "a expressão compliance vem da língua inglesa, podendo ser traduzida, para o vernáculo, como cumprimento e conformidade", Tal conformidade está relacionada à organização interna de uma empresa, a qual tem o dever de observar o ordenamento jurídico no qual está inserida. Enfim, é possível afirmar que o compliance é um dos alicerces fundamentais da governança corporativa, já que, sem essa prática, tudo que a governança propõe pode ir por água abaixo.

É válido destacar que, nos últimos anos, tem se assistido, no Brasil e no mundo, "uma tendência para que as organizações assumam atitudes de respeito, de transparência, de conseguirem melhorar os processos dos seus produtos e serviços, agregando valores perceptíveis por toda a sociedade" (Fernandes, 2019, p.02). Todavia, faz-se necessário, de acordo com Santos (2020), não confundir os termos governança corporativa e compliance. Pode-se afirmar que, apesar de terem objetivos parecidos em alguns aspectos, seus conceitos são bem diferentes. Santos (2020, p.01) ressalta "que a governança corporativa é um conjunto de práticas que tem como objetivo garantir a confiança dos stakeholders, provando que sua empresa é confiável".

Na concepção de Santos (2020, p.15-16), a governança corporativa leva em consideração quatro princípios como baliza. O primeiro princípio é referente à transparência, segundo o qual a organização deve ser transparente em todas as suas ações. Deve buscar agir com base na integridade e na ética, de modo que os interessados e envolvidos possam ter acesso a todas as tomadas de decisão, além de saber sobre o andamento dos processos em curso.

A equidade é tida como o segundo princípio. Este princípio leva, sempre, em consideração que, qualquer que seja o cargo ou o nível de participação na empresa, a todos os profissionais deve ser dispesando um tratamento baseado na equidade, ou seja, um explicíto e manifesto senso de justiça, respeito e imparcialidade, além da igualdade de direitos.

O terceiro princípio diz respeito à prestação de contas (accountability), a partir do qual todas as atividades da administração, seja pública ou privada, devem ser comunicadas na prestação de contas, de forma periódica, aos interessados envolvidos na dinâmica da organização.

O quarto princípio está atrelado à ideia de responsabilidade corporativa, segundo a qual toda organização tem responsabilidade em relação a todos os sistemas em que está envolvida e incluída. A título de exemplo, espera-se que o ecossistema ambiental seja preservado e respeitado, sobretudo pelas empresas que estejam ligadas de forma indissociável à exploração dos recursos naturais.

De acordo com Santos (2020, p.89), é de extrema relevância entender o modo como funciona a governança corporativa, pois esta se desenvolve como um elo interligando todos os mecanismos de gestão de um determinado negócio. Os modelos de governança podem mudar de acordo com o tamanho de uma empresa, todavia, por via de regra, tendem a compreender os seguintes mecanismos:

> Acionistas: sócios, partes interessadas nos lucros do negócio. São os responsáveis pela eleição do conselho administrativo, que os representa, e do conselho fiscal.
>
> Conselho administrativo: corpo de administradores responsáveis por dar as diretrizes e direcionar a gestão da organização, por meio da seleção da diretoria da empresa.
>
> Conselho fiscal: eleito pelos acionistas, o conselho fiscal tem como papel principal garantir que a empresa está em conformidade com

> a legislação. Para isso, o conselho fiscal se apoia em uma auditoria independente.
>
> Auditoria independente: a auditoria independente (ou externa) é um processo de validação das contas da empresa, realizado por um profissional de fora da organização. Este é responsável por verificar, qualificar e atestar a conformidade das contas em relação à legislação vigente. É nesse contexto que o compliance entra em cena. (Santos, 2020, p.02)

No âmbito da Administração Pública, temos o Decreto nº 9.203, de 22 de novembro de 2017, o qual dispõe sobre a política de governança da administração pública federal direta, autárquica e fundacional. Nesse sentido, é relevante destacar o que o Decreto aborda sobre política de governança da administração pública federal, trazendo os seguintes conceitos:

> "Art. 2º Para os efeitos do disposto neste Decreto, considera-se:
>
> I - governança pública - conjunto de mecanismos de liderança, estratégia e controle postos em prática para avaliar, direcionar e monitorar a gestão, com vistas à condução de políticas públicas e à prestação de serviços de interesse da sociedade;
>
> II - valor público - produtos e resultados gerados, preservados ou entregues pelas atividades de uma organização que representem respostas efetivas e úteis às necessidades ou às demandas de interesse público e modifiquem aspectos do conjunto da sociedade ou de alguns grupos específicos reconhecidos como destinatários legítimos de bens e serviços públicos;
>
> III - alta administração - Ministros de Estado, ocupantes de cargos de natureza especial, ocupantes de cargo de nível 6 do Grupo-Direção e Assessoramento Superiores - DAS e presidentes e diretores

> de autarquias, inclusive as especiais, e de fundações públicas ou autoridades de hierarquia equivalente; e
>
> IV - gestão de riscos - processo de natureza permanente, estabelecido, direcionado e monitorado pela alta administração, que contempla as atividades de identificar, avaliar e gerenciar potenciais eventos que possam afetar a organização, destinado a fornecer segurança razoável quanto à realização de seus objetivos". (Brasil, 2017, p.02)

O referido Decreto nº 9.203, de 22 de novembro de 2017, aborda de forma muito clara o conceito de governança pública, definindo-a como "o conjunto de mecanismos de liderança, estratégia e controle postos em prática para avaliar, direcionar e monitorar a gestão, com vistas à condução de políticas públicas e à prestação de serviços de interesse da sociedade" (Decreto nº 9.203/2017, p.02).

Ademais, destaca como princípios da governança pública a capacidade de resposta; a integridade; a confiabilidade; a melhoria regulatória; a prestação de contas e a responsabilidade; e a transparência.

Para Santos (2020, p.03), "Compliance, significa conformidade e, no âmbito dos negócios, refere-se a prática de agir de acordo com as diretrizes dos valores éticos estabelecidos segundo a legislação vigente. Ou seja, cumprir com as normas e leis nas quais o negócio é submetido, tanto em questões externas como internas". Ainda de acordo com a brilhante explanação de Santos (2020), há uma espécie de complementação entre governança corporativa e compliance.

> Dessa forma, a governança corporativa e compliance se complementam, já que um dos pressupostos para que o último dê certo é justamente a adequação às diretrizes externas e internas de um negócio. Além disso, um dos mecanismos da governança corporativa, o conselho de administração (responsável por lançar as

> diretrizes internas de conduta na empresa) também é fundamental para o compliance. (Santos, 2020, p.03)

Por fim, segundo a perspectiva de Santos (2020, p.05), em que pese o fato de ser uma prática mais específica, exigindo, por sua vez, um esforço maior, o compliance indubitavelmente pode proporcionar inúmeros benefícios para uma organização. Segundo o exemplo da autora, um escritório com uma reputação positiva, que tem valores éticos e íntegros muito bem estabelecidos, tem mais valor no mercado do que uma empresa conhecida por burlar regras.

É importante ressaltar que, segundo Barreto e Vieira (2019, p.10), "A integridade (compliance) é a estrutura que coordena as ações que asseguram a conformidade dos agentes aos princípios éticos, os procedimentos administrativos e as normas legais aplicáveis à organização". Ademais, relevante afirmar que se trata de um processo contínuo que envolve a identificação das exigências (éticas, administrativas e legais) de uma empresa. Neste mesmo norte, de acordo com Gomes e Limeira (2022), é importante marcar distinções conceituais e práticas importantes nos institutos da governança corporativa e do compliance, além de destacar semelhanças no combate à corrupção. Quanto à governança, os autores entendem que:

> A governança é uma resposta dos agentes econômicos e das instituições públicas face às práticas corruptivas e fraudulentas realizadas no mercado. O amadurecimento do capitalismo, a volatilidade dos investimentos de capitais, os avanços nas tecnologias da informação, dentre outros fatores decorrentes da globalização econômica criaram espaço para complexas fraudes conjecturadas por grupos econômicos de atuação transnacional. A interação destes com os estados e agentes públicos promoveu o estabelecimento de uma cadeia de corruptor e corruptores sem fronteiras. (Gomes &, Limeira, 2022, p.474)

Ainda segundo Gomes e Limeira (2022, p.475), a governança surge em meio a um processo de conformidade, marcada notadamente por interesses divergentes, seja do setor público em relação ao setor privado, seja também no bojo das chamadas relações societárias.

Para Gomes e Limeira (2022, p.475), atualmente é possível vislumbrar distintos modelos de governança, destacando-se a governança global, a governança local, a governança pública e a governança privada, nas quais todos trabalham focados em um objetivo maior, com o intuito de reduzir, evitar, mitigar práticas fraudulentas cometidas por meio de agentes econômicos privados e instituições públicas, devendo sempre ponderar que muitas vezes a obtenção de resultados satisfatórios pode levar um tempo considerável.

Sem desmerecer os diversos modelos de governança, é necessário pontuar aspectos importantes no que tange à governança pública e, neste sentido, tem-se a importante contribuição de Cunha Filho (2017), o qual, em sua tese de doutorado sobre governança no setor público, destaca que:

> Ao se exigir da autoridade pública respeito ao cidadão, ao seu direito e expectativas legítimas quanto ao exercício de Poder, o que se faz é explicitar algo que decorre de qualquer organização que se pretenda república, racional e democrática do Estado. Nesta mesma linha estão outros deveres do gestor, como o da ação proporcional, de diálogo e harmonização de sua conduta com a das demais esferas de governo e de prestação de contas à população, com o tratamento adqueado das demadas que lhes são apresentadas pelos indivíduos em nos quais ele exerce suas atividades. (Cunha Filho, 2017, p.289)

Quanto à governança pública, faz-se necessário defender a gestão do bem comum, o qual deve, em última instância, desenvolver um sistema de governo que traga benefícios práticos para toda a sociedade.

Esta perspectiva em muito se deve aos conceitos e ideias desenvolvidas no âmbito da governança global, posto que existe "uma percepção crescente na bibliografia sobre governança global da necessidade de expansão da governança não estatal, desvinculada dos Estados e seus governos" (Michaels, 2010, p.34). A governança global se relaciona com a natureza interdependente da tomada de decisão, juntamente com a tentativa dos vários atores envolvidos no processo, no sentido de administrar ou buscar produzir respostas significativas e cada vez mais ordenadas a muitos problemas comuns.

Quando se aborda a temática da governança pode-se afirmar que a " governança privada possui como característica o papel central sendo exercido pelas empresas transnacionais cujas regras de governança são emanadas fora do Estado, da hard law e de regimes de direito estatal" (Gomes & Limeira, 2022,p.490).

É pertinente asseverar que a governança privada tende a ser exercida com base e a partir de um meio de regulação. Pode-se afirmar que a regulação contribui para melhorar a concorrência global. Isso ocorre quando se minimiza os custos relacionados à negociação e aplicação dos contratos, como padrões privados, resolvendo-se, por exemplo, litígios privados por meio de arbitragem comercial internacional. Vale lembrar que a regulação privada pode ser compreendida como uma forma específica de governança, na qual se tem a ideia de um conjunto de regras emanadas por uma autoridade não estatal.

Para além das relevantes reflexões sobre governança, Gomes e Limeira (2022) teceram importante contribuição sobre compliance, destacando que, assim como o termo em inglês expressa o significado do "ato de cumprir" ou, ainda, "dar cumprimento a", "a legislação nacional buscou destacar a ação de dar conformidade aos atos dos agentes econômicos às normas, regulamentos e imposições regulatórias das atividades desenvolvidas com o objetivo de minorar os riscos inerentes as mesmas" (Gomes & Limeira, 2022, p.494)

Referente ao tema de compliance, relevante destacar a contribuição de Figueiredo (2015), o qual fez a seguinte reflexão:

> Compliance ou programa de comprometimento é instrumento de contenção de riscos, um meio para evitar perigos, se afigurando enquanto novidade hodierna. Constitui-se, assim, como comprometimento da empresa com o cumprimento do ordenamento, mediante criação de código de conduta ético interno, com vistas a alcançar tal finalidade, através da proibição de condutas arriscadas e estruturação de cultura ética na empresa, apurando os comportamentos desviados e os sancionando. Representa as ideias de prevenção primária e prevenção técnica atinentes ao direito de intervenção e deve ser um elemento central para aferição da responsabilidade de uma empresa. (Figueiredo, 2015, p. 117).

Uma das grandes contribuições concernentes ao compliance, elaborada por Figueiredo (2015), é defender a ideia de um código de conduta, buscando-se, desse modo, evitar a pratica de condutas arriscadas e que comprometam a probidade no âmbito da gestão pública e privada.

COMPLIANCE NO BRASIL

No Brasil é recente a preocupação com o desenvolvimento de setores para o cumprimento de normas, bem como o regramento legal envolvendo situações neste sentido. Todavia, é relevante destacar que, nos últimos anos, o legislador tem buscado criar normas e um regramento jurídico voltado para a regulamentação de conduta e de probidade, especialmente no âmbito da Administração Pública.

No contexto da preocupação de se elaborar normas voltadas para regular condutas, foi promulgada a Lei nº 13.303, de 30 de junho de 2016, a qual dispõe sobre o estatuto jurídico da empresa pública, da sociedade de economia mista e de suas subsidiárias, no âmbito da União, dos Estados, do Distrito Federal e dos Municípios. Tal finalidade da referida Lei encontra-se expressa em seu artigo 1º:

> Esta Lei dispõe sobre o estatuto jurídico da empresa pública, da sociedade de economia mista e de suas subsidiárias, abrangendo toda e qualquer empresa pública e sociedade de economia mista da União, dos Estados, do Distrito Federal e dos Municípios que explore atividade econômica de produção ou comercialização de bens ou de prestação de serviços, ainda que a atividade econômica esteja sujeita ao regime de monopólio da União ou seja de prestação de serviços públicos. (Brasil, 2016, p.01)

O §3º, do artigo 1º, da lei em destaque define que os "os Poderes Executivos poderão editar atos que estabeleçam regras de governança destinadas às suas respectivas empresas públicas e sociedades de economia mista que se enquadrem na hipótese do § 1º, observadas as diretrizes gerais desta Lei".

A norma em comento trouxe, de forma objetiva, a previsão de que os Poderes, quer seja no âmbito municipal, estadual ou federal, devererão estabelecer as respectivas regras de governança aplicáveis às suas respectivas empresas buscando um padrão de conformidade para o bom andamento de tais empreendimentos. Uma das exigências de extrema importância prevista na sobredita lei, no artigo 8º, é a observância no que tange aos requisitos mínimos de transparência, quais sejam: "elaboração de carta anual; adequação de seu estatuto social à autorização legislativa de sua criação; divulgação tempestiva e atualizada de informações relevantes; elaboração e divulgação de política de divulgação de informações, em conformidade com a legislação em vigor e com as melhores práticas" (Brasil, 2016, p.02).

O artigo 8º, na sua integralidade, torna-se importante porque destaca os requisitos mínimos para a prática da transparência no âmbito da administração pública, pois são exigidos em sua totalidade pela administração visando evitar práticas de corrupção. Ademais, a citada lei ainda prevê, por exemplo, ampla divulgação ao público em geral, de carta anual de governança corporativa, sempre buscando justificar a melhor governança das empresas públicas.

É pertinente destacar que a Lei nº 13.303/2016 foi regulamentada pelo Decreto nº 8.945, de 27 de dezembro de 2016, o qual dispõe sobre o estatuto jurídico da empresa pública, da sociedade de economia mista e de suas subsidiárias, no âmbito da União, dos Estados, do Distrito Federal e dos Municípios. Tal Decreto, em seu artigo 2º, definiu conceitos relevantes acerca do que seja empresa estatal, pública, sociedade de economia mista, subsidiária, conglomerado estatal, sociedade privada e administradores.

Outra definição importante do decreto diz respeito à gestão de riscos e ao controle interno. Em seu artigo 15, traz expressa e inequívoca previsão de que a empresa estatal adotará regras de estruturas e práticas de gestão de riscos e controle interno. Estes, necessariamente, devem abranger a ação dos administradores e dos empregados, por meio da implementação cotidiana de práticas de controle interno; uma área de integridade e de gestão de riscos, além de auditoria interna e Comitê de Auditoria Estatutário.

Cita-se, ainda, a Recomendação n° 1 do Grupo de Ação Financeira Internacional (GAFI), a qual prevê que os "países devem identificar, avaliar e compreender os riscos de lavagem de dinheiro e financiamento do terrorismo para o país. Devem tomar medidas, inclusive designando uma autoridade ou mecanismo para coordenar as ações de avaliação de riscos, e aplicar recursos com o objetivo de garantir que os riscos sejam efetivamente mitigados". O GAFI recomenda que os países apliquem uma abordagem baseada no risco (ABR) visando garantir que "as medidas de prevenção ou mitigação da lavagem de dinheiro e do financiamento do terrorismo sejam proporcionais aos riscos identificados" (GAFI, 2022, p.01).

Por sua vez, toda a preocupação da Lei nº 13.303/2016 e do Decreto nº 8.945/2016 visa criar uma política de governança com uma sólida área de integridade para que, desse modo, a gestão de risco seja eficiente. O intuito fundamental é desenvolver uma cultura de governança sólida, dimunindo cada vez mais os casos de corrupção.

Segundo Cararetto (2021, p.09), no Brasil, por meio da Lei nº 12.846/13 (Lei Anticorrupção), impôs-se legalmente que "as empresas do setor privado adotem o chamado Programa de Integridade, cuja a finalidade está destinada diretamente à evitabilidade de práticas corruptivas contra a Administração Pública".

Não se pode deixar de mencionar a Lei nº 14.133/2021, cujo regramento disciplina a matéria de Licitações e Contratos Administrativos, pois tal lei estabeleceu as normas gerais de licitação e contratação para as Administrações Públicas diretas, autárquicas e fundacionais da União, dos Estados, do Distrito Federal e dos Municípios. A redação do artigo 5º da Lei nº 14.133/2021 é salutar, pois define que:

> Art. 5º Na aplicação desta Lei, serão observados os princípios da legalidade, da impessoalidade, da moralidade, da publicidade, da eficiência, do interesse público, da probidade administrativa, da igualdade, do planejamento, da transparência, da eficácia, da segregação de funções, da motivação, da vinculação ao edital, do julgamento objetivo, da segurança jurídica, da razoabilidade, da competitividade, da proporcionalidade, da celeridade, da economicidade e do desenvolvimento nacional sustentável, assim como as disposições do Decreto-Lei nº 4.657, de 4 de setembro de 1942. (Lei de Introdução às Normas do Direito Brasileiro; Brasil, 2021, p.01)

A Lei nº 14.133/2021, ao disciplinar tema de extrema relevância para administração pública, a exemplo da licitação e dos contratos admnistrativcos, busca estabelecer regras de conformidade para que a administração cumpra o seu papel de forma transparente e honesta. Destaca-se, ainda, que em junho de 2009, tivemos "o primeiro guia brasileiro para orientar as ações das empresas que se preocupam em contribuir para a construção de um ambiente íntegro e de combate à corrupção". O guia foi publicado pela Controladoria Geral da União (CGU) e o Instituto Ethos, intitulado "A Responsabilidade Social das Empresas no Combate à Corrupção".

Ressalta-se, também, que a aprovação das novas regras de prevenção e combate à Lavagem de Dinheiro (Lei nº 9.613/1998, alterada pela Lei nº 12.683/2012) movimentou diversos setores para uma efetiva implementação ou aprimoramento de políticas de compliance. Merece atenção os artigos 9,10 e 11, que tratam da obrigatoriedade, por parte de todos que fazem gestão de recursos financeiros, de informar ao Conselho de Controle de Atividades Financeiras (COAF) sobre suas atividades. Também merece destaque o artigo 10-A, o qual prevê que o "Banco Central manterá registro centralizado formando o cadastro geral de correntistas e clientes de instituições financeiras, bem como de seus procuradores".

Porém, efetivamente, o primeiro diploma legal brasileiro a regulamentar programas de Compliance foi a já mencionada Lei nº 12.846/2013 (Lei da Empresa Limpa, mais conhecida como Lei Anticorrupção). A aplicabilidade da Lei nº 12.846/2013 diz respeito às sociedades empresariais, bem como em relação às sociedades simples, quer sejam personificadas ou não, independentemente da forma de organização ou do modelo societário adotado, "bem como a quaisquer fundações, associações de entidades ou pessoas, ou sociedades estrangeiras, que tenham sede, filial ou representação no território brasileiro, constituídas de fato ou de direito, ainda que temporariamente" (Júnior, 2018, p.45). Registre-se que a grande inovação dessa Lei Anticorrupção é a chamada responsabilidade objetiva de pessoas jurídicas pela prática de atos contra a Administração Pública, não sendo necessária a comprovação de dolo ou culpa para a aplicação das sanções previstas na nova Lei, inclusive, com multas no valor de até 20% de seu faturamento bruto anual.

Em abril de 2015, a CGU por meio da Portaria CGU nº 909/2015, definiu critérios para a avaliação dos programas de integridade das empresas como requisito para a concessão de redução no valor da multa, estabelecendo três faces de análise no cumprimento dos requisitos. Destaca-se o Manual Prático de Avaliação de Programas de Integridade da CGU, de 03 de setembro de 2018. O presente Manual tem o intuito de:

> Orientar os servidores do Poder Executivo Federal, especialmente os que compõem, ou irão compor, as Comissões de Processo Administrativo de Responsabilização - CPAR, a realizarem a avaliação de um Programa de Integridade apresentado pela pessoa jurídica processada para fins de redução do montante da multa prevista no art. 6º, inciso I, da Lei n.12.846/2013, nos termos do art. 18, inciso V, do Decreto nº 8.420/2015. (Manual Prático de Avaliação de Programas de Integridade da CGU, 2018)

Além do relevante papel da CGU, é imperioso também destacar o papel constucional de controle exercido pelo Tribunal de Contas da União (TCU). Neste sentido, destaca-se o Referencial de combate a fraude e corrupção, lançado pelo TCU em 2018, o qual é aplicável a órgãos e entidades da Administração Pública. Na obra citada, o TCU aborda conceitos fundamentais, a exemplo de fraude, corrupção, teoria do triângulo da fraude. Todavia, algo que deve ser mencionado é o que diz respeito às "três linhas de defesa". O "modelo de três linhas de defesa propõe a designação das responsabilidades em forma de coordenação entre os envolvidos, e não a criação de estruturas departamentais para atendê-lo" (TCU, 2018, p.19).

A primeira linha de defesa, na concepção do Tribunal, deve ser composta pelos controles internos operacionais, dos gestores e diretos sobre as atividades, no qual "os gestores detêm os riscos do negócio e os gerenciam. Eles são responsáveis por implementar medidas de controle preventivas, detectivas e corretivas nos processos sob sua responsabilidade, para manter um controle interno efetivo" (TCU, 2018, p.20).

Em relação à segunda linha de defesa, encontra-se a função de gerenciamento de riscos, ou então a coordenação dessa função, a qual tem a função de monitorar e contribuir para a implementação de práticas de gerenciamento de risco na primeira linha de defesa. Nesse sentido, "aqueles nessa linha de defesa assistem aos gestores na definição de tolerâncias ao risco e na forma como as informações de risco e controles são divulgadas internamente na organização" (TCU, 2018, p.20).

Por fim, tem-se a terceira linha de defesa, a qual é composta pela auditoria interna da organização. Nesta, cabe "à auditoria interna fornecer à alta administração e aos órgãos de governança a avaliação objetiva e independente quanto à eficácia dos processos de gerenciamento de risco, controle e governança" (TCU, 2018, p.20-21).

Oportuno mencionar que há uma situação que envolve diretamente o termo "defesa", uma vez que o IIA (The Institute of Internal Auditors) modificou, em 2020, a teoria e excluiu tal termo. Ocorre que, no âmbito do próprio Tribunal de Contas da União, tal teoria continua em voga, não tendo como se falar em exclusão do terno no âmbito da realidade brasileira, vez que a Lei 14.133/2021 manteve a expressão "defesa". Na concepção do Tribunal de Contas da União, todas as linhas de defesa devem existir de alguma forma, fazendo-se presentes em todas as organizações, sem levar em consideração o tamanho ou a complexidade da organização.

A IMPORTÂNCIA DE UM PROGRAMA DE COMPLIANCE

Inicialmente, faz-se necessário abordar de forma sucinta se há diferenciação entre integridade e compliance. Segundo Drumond (2021, p.01), "o conceito de Compliance ganha densidade por também agregar valores e condutas como honestidade, lealdade, responsabilização, transparência, e boa-fé", enquanto que o Compliance passou a ser compreendido como "Integridade especialmente após a Lei Anticorrupção (lei 12.846 de 2013) que previu no art. 7º, VIII, textos como mecanismos e procedimentos internos de integridade, auditoria e incentivo à denúncia de irregularidades e a aplicação efetiva de códigos de ética e de conduta no âmbito da pessoa jurídica".

Na concepção de Giovanini (2020, p.120), "a integridade seria um conceito muito mais abrangente que Compliance porque compreenderia a percepção de se fazer o certo independentemente das normas e das leis". Para Tosetto (2019, p.02), compliance significa o conjunto de "diretrizes responsáveis pela sustentabilidade operacional de determinado empreendimento humano, promovendo principalmente a observância do que é certo e eficiente, consistindo em uma espécie de 'ferramenta' para projetar a organização para o futuro", enquanto que "integridade, ética e transparência são temas que fazem parte da responsabilidade da função de compliance.

Para a Reputação AML (2020, p.02), compliance "é defindo como um conjunto de procedimentos para o cumprimento de regras gerais, como se fosse o passo a passo para a organização de todas as atividades". No Brasil, segundo o mesmo autor, a Lei 12.846/2013 abriu espaço para uma forma mais específica "voltada para implantação de medidas anticorrupção, o chamado Programa de Integridade".

As instituições públicas e privadas, de acordo com Bottini (2013), têm movimentado diversos setores para uma efetiva implementação ou aprimoramento de políticas de compliance.

> Nessa linha, as empresas vêm desenvolvendo programas e políticas que agregam (i) a orientação, formação e reciclagem de empregados e diretores sobre políticas de combate à lavagem de dinheiro; (ii) a elaboração de Códigos internos de conduta, organizar a coleta, sistematização e checagem de informações sobre clientes, empregados, parceiros, representantes, fornecedores e operações praticadas com sua colaboração ou assistência; (iii) o desenvolvimento de sistemas de comunicação interna e externa que facilite o repasse de informações sobre atos suspeitos; (iv) a implementação de sistema de controle interno de atos imprudentes ou dolosos, com mecanismos de apuração e sanção disciplinar. (Bottini, 2013, p.25)

Segundo Bottini (2013), existem diversos modelos de compliance que podem ser abrangentes ou estruturados, conforme o setor e a complexidade das atividades da empresa.

De uma forma geral, dentre os benefícios gerados em virtude da adoção das melhores práticas de compliance, de acordo com Jesus (2015, p.89), pode-se citar o seguinte:

1. Melhora nos níveis de governança corporativa, sobretudo quando a própria legislação assegura que "o sistema de responsabilização por atos de improbidade administrativa tutelará a probidade na organização do Estado e no exercício de suas funções, como forma de assegurar a integridade do patrimônio público e social", conforme clara disposição do artigo 1º, da Lei nº 8.429/1992 (Brasil, 1992, p.05).

2. Ganho de credibilidade por parte de clientes, investidores, fornecedores; quando busca mitigar riscos (reputacionais e operacionais), posto que há clara previsão legal no sentido de que "As pessoas jurídicas serão responsabilizadas

objetivamente, nos âmbitos administrativo e civil, pelos atos lesivos previstos nesta Lei praticados em seu interesse ou benefício, exclusivo ou não, conforme prevê o artigo 2º, da Lei n° 12.846/2013 (Brasil, 2013, p.01).

3. Evitar fraudes, pois a Lei n° 9.613/1998, em seu artigo 1º, prevê a pena de reclusão de 03 (três) a 10 (dez) anos e multa para quem "Ocultar ou dissimular a natureza, origem, localização, disposição, movimentação ou propriedade de bens, direitos ou valores provenientes, direta ou indiretamente, de infração penal" (Brasil, 1998, p.01).

4. Destaca-se ainda o §2º do artigo 1º da mencionada Lei 9.613/1988, ao prever que incorre na mesma pena quem: "utiliza, na atividade econômica ou financeira, bens, direitos ou valores provenientes de infração penal".

5. Reduzir custos, pois conforme previsão do artigo 8º, da Lei nº 13.303/2016, as empresas públicas, de sociedade de economia mista e subsidiária, deverão observar, no mínimo, os seguintes requisitos de transparência: "I - elaboração de carta anual, subscrita pelos membros do Conselho de Administração, com a explicitação dos compromissos de consecução dos objetivos de políticas públicas pela empresa pública, pela sociedade de economia mista e por suas subsidiárias, em atendimento ao interesse coletivo ou ao imperativo de segurança nacional que justificou a autorização para suas respectivas criações, com definição clara dos recursos a serem empregados para esse fim, bem como dos impactos econômico-financeiros da consecução desses objetivos, mensuráveis por meio de indicadores objetivos" (Brasil, 2016, p.03).

No caso acima, os indicadores objetivos apontados encontram-se previstos no artigo 8º, da Lei nº 13.303/2016.

Tais práticas de governança, quando devidamente observadas pelas empresas, contribuem de modo inevitável para a melhoria da rentabildiadde, além de elevar a qualidade do produto final de uma empresa. A observância de todas as normas legais de governança e transparência são fundamentais para difundir os valores defendidos pela empresa, aumentando a confiança dos investidores, contribuindo de forma decisiva para uma cultura organizacional, posto que um programa de compliance eficaz ajuda um provedor a cumprir o seu dever legal.

COMPLIANCE NOS PARTIDOS POLÍTICOS

Como antes suscitado, nas esferas pública e privada, têm havido a adoção de Programas de Integridade (Programas de Compliance) com a finalidade de prevenir, proibir e sancionar práticas lesivas às respectivas instituições. O Compliance constitui-se em uma importante ferramenta de gestão utilizada para fins de controle, orientação e monitoramento das condutas, de forma a identificar, prevenir e/ou corrigir práticas irregulares, atos ilícitos que resultam em ausência de ética na condução de um negócio, seja no âmbito púbico ou privado.

Observa-se, na tratativa conferida ao Compliance, desde a verificação de suas fontes históricas, anteriormente apresentadas, que este programa seguiu, em grande parte, uma linha de prevenção contra delitos, vinculando-se, em especial, ao Direito Penal, mas também ao Direito Civil, buscando, respectivamente, a responsabilidade criminal e cível de empresas e de seus dirigentes, empregados e colaboradores.

A par disso, vem crescendo a idéia de que Compliance é a construção de programa de conformidade no qual a pessoa jurídica está ambientada. Com efeito:

> O Compliance apresenta diferenciação temática, de acordo com o ramo do direito ou problema específico ao qual se relacione. Assim, além do campo clássico do direito bancário e de ações, existe o compliance com as normas de direito do trabalho, de proteção de dados, do comércio internacional, com as normas tributárias de proteção da saúde e as relativas à indústria farmacêutica, entre outras. (Veríssimo, 2018, p.120)

Sob esse aspecto e tendo em conta a função eminentemente pública dos agentes que atuam no ambiente eleitoral e, sobretudo, considerando-se a cultura brasileira de fraudes e corrupção no ambiente político-partidário, neste particular, em suas instituições, envolvendo partidos políticos e representantes deste (com mandatos políticos ou não), não bastasse isto, o contexto de crise que permeia as referidas agremiações, atualmente com denúncias frequentes de desvios de conduta, tráfico de influencia, corrupção, recebimento indevido de vantagens e da falta de transparência na atuação dessas associações (dirigentes, filiados e terceiros, inclusive, funcionários públicos). Não obstante, os vultosos valores percebidos pelas legendas partidárias via Fundo Partidário, os quais a seguir demonstraremos.

Percebe-se que a ausência de uma postura ética tem prejudicado o exercício efetivo dos direitos políticos constitucionais, causando danos significativos ao processo democrático, que constitui sustentáculo do regime republicano.

Segundo Costa (2020, p.89), há algum tempo passou-se a discutir doutrinariamente (e até na atividade legiferante) a possibilidade de aplicação de um Programa de Compliance nessa seara, vinculando-o fundamentalmente aos partidos políticos, vez que, conquanto não sejam organizações/corporações, como se verá adiante, devem, também, assegurar a integridade em sua atuação, guiando-se pelos ideais de ética e transparência que norteiam a atividade democrática. De acordo com Ribeiro Junior (2018, p.48), a criação e a implantação do compliance partidário leva em consideração as especificidades político-partidárias. O autor afirma que se deve abordar todos os aspectos relativos às organizações empresariais, incluindo clareza e publicidade de regras, por exemplo.

É pertinente destacar que a "eclosão de inúmeros casos de corrupção envolvendo diversos setores da sociedade - mas principalmente os relacionados às atividades políticas – contribuiu para um perceptível cenário de insatisfação da sociedade em relação aos partidos políticos" (Bandeira et al, 2022, p.09). Nesse sentido, a implantação de compliance nas agremiações partidárias se constitui em algo de fundamental importância. Além disso, destaca-se que há "esforços em relação a uma possível medida para que as siglas partidárias adotem os programas de compliance. Certamente, o aumento desta prática atenderia parte dos anseios da própria sociedade" (Pimentel, 2023, p.02).

PARTIDOS POLÍTICOS

De início, para entender melhor a problemática da implantação de um Programa de Compliance nos partidos políticos, melhor definirmos a sua natureza jurídica. Os partidos políticos são, juridicamente, pessoas jurídicas de direito privado, conforme se observa no art. 17 da Constituição Federal e no inciso V do art. 44 do Código Civil (Lei nº 10.406/02).

No texto constitucional, especificamente no artigo 17, tem-se a seguinte previsão: "É livre a criação, fusão, incorporação e extinção de partidos políticos, resguardados a soberania nacional, o regime democrático, o pluripartidarismo, os direitos fundamentais da pessoa humana e observados os seguintes preceitos" (Brasil, 1988, p.05). Nesse sentido, o artigo 44, inciso V, da Lei nº 10.406/02, que instituiu o Código Civil traz expressa previsão: " São pessoas jurídicas de direito privado: (...) V - os partidos políticos" (Brasil, 2002, p.06).

Tais agremiações têm por objetivo assegurar, no interesse do regime democrático, a autenticidade do sistema representativo e defender os direitos fundamentais estabelecidos na Lei Maior. Mais detalhadamente, segundo a Carta Magna, é livre a criação, fusão, incorporação e extinção de partidos políticos, resguardados: o caráter nacional; a soberania nacional; o regime democrático; o pluripartidarismo; os direitos fundamentais da pessoa humana; a proibição de recebimento recursos financeiros de entidade ou governo estrangeiros ou de subordinação a estes; a prestação de contas à Justiça Eleitoral; o funcionamento parlamentar de acordo com a lei.

A Constituição Federal de 1988 assegura aos partidos políticos autonomia para definir sua estrutura interna, organização e funcionamento. Essa prerrogativa possibilita aos partidos se organizarem, estabelecendo programas e estatutos, sendo certo que o partido estabelece seus objetivos político-ideológicos por meio do seu programa e, mediante o seu estatuto, dispõe quanto à sua estrutura interna, organização e funcionamento, devendo, outrossim, conforme comando constitucional, prever normas de fidelidade e disciplina partidárias e o regime de suas respectivas coligações eleitorais.

A RELEVÂNCIA DO COMPLIANCE PARTIDÁRIO NO BRASIL

Historicamente, partidos políticos brasileiros têm pouco compromisso com transparência e integridade no uso de recursos públicos.

E isso ficou evidenciado nos últimos tempos, quando aumentou o desgaste contínuo da representação política, com dirigentes e mandatários invariavelmente envolvidos em práticas corruptivas, crescente descrença nas promessas de campanha, etc.

Notadamente quanto à malversação e/ou desvio de dinheiro público, invariavelmente é noticiado que os partidos políticos têm ampliado repasses de verba para suas fundações, que contam com ainda menos transparência.

Aliás, quanto à referida utilização de dinheiro público, em 2018, foi apresentado o Ranking de Transparência Partidária, composto por quatro eixos (contabilidade, dirigentes e filiados, procedimentos e estrutura partidária), no qual ficaram demonstrados números alarmantes: dos 35 partidos brasileiros, as notas variam entre 2,5 a zero, numa escala de 0 a 10 – o Partido Social Liberal (PSL), por exemplo, foi o último colocado com nenhum ponto conquistado, segundo Lança (2021).

Cabe enfatizar que algumas agremiações, em vista do crescente descrédito do processo eleitoral, da classe política e do próprio partido político, nesse ínterim, vêm, inclusive, mudando de nome, trocando as siglas por palavras e se desvinculando da letra "P", que abreviava a palavra partido. O intuito, segundo especialistas, é esconder ou se desvincular do passado, não obstante tais agremiações negarem este motivo, conforme a constatação de Jordão (2017, p.45).

Se essas agremiações realmente estão preocupadas em transmitir aos seus filiados e à população brasileira como um todo uma imagem positiva e ética, efetivamente devem promover a implantação de um programa de compliance. A sua importância consiste na possibilidade de uma transformação ética dos atores vinculados ao partido político por meio da implementação de um efetivo sistema de prevenção, detecção e resposta para os atos ilícitos, tais como fraude e corrupção. Também devem criar ou fortalever os controles internos, dando transparência à sua gestão, facilitando a atuação dos Órgãos de Controle e de toda sociedade civil. Isso, sem olvidar que a incorporação e a exigência de comportamento ético de seus dirigentes e afiliados evitará ou diminuirá a prática de deslizes.

Destaque-se que, com a implementação do compliance partidário, os mecanismos de fiscalização já existentes no país serão fortalecidos. A propósito, há diversas normas que regulam a atuação partidária no país com controle direto da Justiça Eleitoral, a exemplo do percentual de investimento do fundo partidário, o recolhimento de impostos, as demonstrações anuais de balanço, o controle dos gastos, as devidas prestações de contas, o recebimento de doações, evitando diversas irregularidades. É sobre essas normas que o compliance partidário atuará, facilitando o combate à corrupção e fraude no ambiente político e possibilitando um maior controle pela Justiça, filiados e a sociedade em geral.

AUSÊNCIA DE NORMATIVIDADE ESPECÍFICA RELATIVAMENTE AOS PARTIDOS POLÍTICOS

É de se destacar que, no Brasil, não existe, até o momento, uma legislação vigente acerca do compliance eleitoral, mas sim um vasto material sobre os programas de compliance em geral. Nesse sentido, várias são as fontes que podem servir para a normatização legal no país, a saber: (i) a Constituição Federal; (ii) a legislação eleitoral em geral, isto é, Lei de Eleições, Código Eleitoral, Lei das Inelegibilidades, Lei dos Partidos Políticos (Lei nº 9.096/1995), Lei nº 6.091/1974; (iii) as Resoluções Eleitorais; (iv) Leis Criminais, notadamente, a de Lavagem de Dinheiro, a Lei de Crimes Ambientais (Lei nº 9.605/1998), a Lei de Defesa da Concorrência (Lei nº 12.529/2011), (v) a Lei Anticorrupção (Lei nº 12.846/13), em voga pelos últimos escândalos de corrupção, (vi) as normas de "Direito Digital", ou seja, Lei Geral de Proteção de Dados, Marco Civil da Internet, General Data Protection Regulation e família ISO 27.000, tão necessárias atualmente relacionadas à segurança da informação e proteção da privacidade, (vii) a ISO 19600:2014 - Sistema de gestão de Compliance — Diretrizes editada pela International Organization for Standardization (ISO), que prevê um padrão internacional para os programas de compliance.

Há, pois, a legislação nacional acima mencionada, que trata de desvios, irregularidades, prática de atos ilícitos, sobretudo no âmbito das empresas e instituições públicas, cujas normas foram criadas com o intuito de coibir fraudes e, principalmente, desvios de recursos financeiros. Em especial, verifica-se, no direito brasileiro, normas que também buscam dar transparência e maior possibilidade de conhecimento e fiscalização da gestão financeira das pessoas jurídicas, alinhando-se a um programa de integridade. É o caso da Lei da Transparência (Lei Complementar nº 131/2009), cuja finalidade consiste em acrescentar dispositivos à Lei Complementar n° 101, de 4 de maio de 2000, que prevê normas de finanças públicas voltadas para a responsabilidade na gestão fiscal, além de outras providências, com a finalidade de determinar a disponibilização, em tempo real, de informações detalhadas em relação a execução orçamentária e financeira da União, dos Estados, do Distrito Federal e dos Municípios.

Vale destacar que o parágrafo único, do artigo 48, da Lei Complementar n. 101/2000, passou a vigorar com a seguinte redação: A transparência será assegurada também mediante:

> I – incentivo à participação popular e realização de audiências públicas, durante os processos de elaboração e discussão dos planos, lei de diretrizes orçamentárias e orçamentos; II – liberação ao pleno conhecimento e acompanhamento da sociedade, em tempo real, de informações pormenorizadas sobre a execução orçamentária e financeira, em meios eletrônicos de acesso público; III – adoção de sistema integrado de administração financeira e controle, que atenda a padrão mínimo de qualidade estabelecido pelo Poder Executivo da União e ao disposto no art. 48-A. (Brasil, 2009, p.07)

Em primeiro plano, percebe-se que o legislador buscou incentivar a participação da população para que o processo de transparência pudesse se concretizar, contando com a participação da sociedade civil organizada, sobretudo por meio de audiências públicas, assegurando ainda, a dispobilidade em tempo das informações atinentes a execução financeira de todos os entes da federação, da União aos Municípios. Além disso, o artigo 73-A, da Lei Complementar nº 131/2009, estabelece que "Qualquer cidadão, partido político, associação ou sindicato é parte legítima para denunciar ao respectivo Tribunal de Contas e ao órgão competente do Ministério Público o descumprimento das prescrições estabelecidas nesta Lei Complementar" (Brasil, 2009, p.10). Em síntese, o legislador buscou assegurar que órgãos e entidades mencionados no caput, mas sobretudo os cidadãos, são partes legítimas para ofertar denuncias perante os tribunais de contas, visando o respeito e a legalidade nos gastos públicos.

Não se pode esquecer de mencionar a Lei de Acesso à Informação (Lei nº 12.527/2011), que juntamente com a Lei complementar nº 131/2009, antecede a inovadora Lei Anticorrupção (Lei nº 12.846/13). É pertinente destacar que a Lei nº 12.527/2011 dispõe sobre "os procedimentos a serem observados pela União, Estados, Distrito Federal e Municípios, com o fim de garantir o acesso as informações previstas no inciso XXXIII do art. 5º , no inciso II do §3º do art. 37 e no § 2º do art. 216 da Constituição Federal" (Brasil, 2011, p.05).

A Lei 12.527/2011 regulamentou o que já estava contido no artigo 5º, inciso XXXIII, da Carta Magna, o qual assegurava que "todos têm direito a receber dos órgãos públicos informações de seu interesse particular, ou de interesse coletivo ou geral, que serão prestadas no prazo da lei, sob pena de responsabilidade, ressalvadas aquelas cujo sigilo seja imprescindível à segurança da sociedade e do Estado" (Brasil, 1988, p.05). Desde sua promulgação, a Constituição Federal já trouxe previsão clara de que a todo cidadão deve ser assegurado em tempo razoável o acesso à informações de seu interesse pessoal e coletivo, desde que não estejam protegidas sob o manto da confidencialidade.

Destaque-se, no entanto, a Lei da Transparência, que, alterando a Lei Complementar nº 101/2000, instituiu a obrigação de toda entidade pública divulgar, em tempo real, suas receitas e despesas em um site na internet, no prazo máximo de 24 horas, seguindo as exigências técnicas necessárias para validação pelo Ministério Público. Infelizmente, não se aplica aos partidos políticos, pois estes não são entes da federação e não estão arrolados no § 2º do art. 1º da mesma. Igualmente, a Lei de Acesso à Informação (Lei nº 12.527/2011), que permite a qualquer interessado solicitar documentos ao órgão público sem necessidade de justificativa, também não se aplica às agremiações partidárias, vez que o o seu artigo 1º só abrange os entes públicos.

A propósito, notadamente quanto à Lei Anticorrupção e sua aplicabilidade aos partidos políticos, alguns entendem diversamente, aduzindo que a multicitada Lei Anticorrupção se direciona a agentes privados, principalmente com fins lucrativos. Em que pese, juridicamente, tais agremiações se constituírem como associações (conforme suso asseverado), os partidos políticos são pessoas jurídicas sui generis (representam os segmentos sociais em prol da formação da vontade pública e consequente exercício de direitos políticos, sem fins lucrativos), que, conforme estabelece o parágrafo único do art. 1º da Lei de Partidos Políticos (Lei nº 9.096/1995), por não serem comparados a paraestatais, há sentido contrário. Ademais, também corrobora tal assertiva o fato de que não há previsão expressa de aplicação.

Aliás, respalda essa opinião divergente o fato de que essa lei impõe sanções que, no caso dos partidos políticos, são inaplicáveis. No Brasil, como antes aludido, não existe uma legislação ou regulamentação formal e específica acerca do compliance eleitoral. Porém, em termos gerais, a concepção de um programa de integridade no país ganhou destaque com a Lei de Prevenção à Lavagem de Dinheiro (Lei nº 9.613/98) e com a Lei Anticorrupção (Lei nº 12.846/13). Inclusive, foi justamente através da Lei Anticorrupção que, no Brasil, a implantação de programas de compliance (genérico, afirme-se) foi ampliada, não havendo óbice a sua aplicaçao aos partidos políticos. Tal lei estabeleceu a possibilidade de responsabilizar objetivamente (independentemente de culpa) empresas por atos praticados por terceiros em seu interesse, permitindo a responsabilização criminal, civil e administrativa de seus dirigentes pela prática de atos contra a administração pública, nacional ou estrangeira.

Antes dessa lei, o combate à corrupção se baseava, principalmente, na criminalização das condutas em relação a pessoas físicas, em uma perspectiva de repressão de responsabilidade subjetiva, como bem foi defendido por Costa (2020) ao abordar a instituição de programa de integridade como meio de legitimar as atividades partidárias. Passou a sobredita lei, também, a prever a adoção de programas de integridade (compliance) pelas pessoas jurídicas como maneira de mitigar riscos e possíveis penalidades pela prática de atos corruptivos.

Em maio de 2015, foi publicado o Decreto nº 8.420/2015, regulamentando a multicitada Lei Anticorrupção, estipulando que as pessoas jurídicas que possuíssem e aplicassem um programa de integridade poderiam receber até 20% de desconto no valor da multa. No entanto, no dia 12 de julho de 2022, foi publicado o Decreto nº 11.129/22, que veio alterar a regulamentação a Lei nº 12.846/2013, substituindo o sobredito Decreto nº 8.420/2015, tendo agregado normas esparsas sobre o tema em um só lugar, bem como promovendo alterações diversas, relativamente aos critérios e percentuais de cálculos das multas pelo processo de apuração e responsabilização das empresas, além de trazer mais condições para celebração de acordo de leniência para as pessoas jurídicas.

Esse novo decreto trouxe importantes normativos acerca do programa de compliance. Por exemplo, há a menção expressa a respeito da destinação de recursos adequados para o funcionamento deste programa de integridade, que poderia ter destinação análoga aos valores recebidos pelos partidos políticos do fundo partidário. Outrossim, para maior eficácia do compliance na corporação/instituição, orienta a criação e incentiva uma cultura de conformidade de todos os envolvidos no dia a dia de trabalho, de forma orgânica, destacando, para tanto, aspectos atrelados à comunicação daquele no ambiente interno desta, como a necessidade de realização de comunicações periódicas sobre o programa de Compliance, de forma a apresentar as regras de condutas esperadas, não se limitando, por exemplo, apenas a treinamento padrão.

Assim sendo, a Lei Anticorrupção inovou ao estabelecer a referida responsabilidade objetiva e prever programas de integridade, visto que, além de não existirem mecanismos eficientes para responsabilizar pessoas jurídicas até então, eram escassas as previsões preventivas de incentivo a boas práticas corporativas pautadas em princípios de transparência, responsabilidade e gestão de riscos. Enfim, saliente-se que o retrocitado Decreto Federal nº 8.420/15, que regulamentava a Lei nº 12.846/13, desde então já podia ser utilizado como base para a aplicação, dentre outros, de forma adequada ao compliance partidário. Agora, com o Decreto nº 11.129/22 (que substituiu aquele, repita-se), face às relevantes e mais abrangentes regras acerca de tal programa, serve como orientação e respaldo para a implantação deste no âmbito dos partidos políticos, até superveniente normatividade legal específica.

Assim, o Decreto nº 11.129/22 regulamentou a responsabilização objetiva administrativa e civil de pessoas jurídicas pela prática de atos contra a administração pública, nacional ou estrangeira, de que trata a Lei nº 12.846, de 1º de agosto de 2013 restou também plausível a sua aplicabilidade aos partidos políticos.

LEGISLAÇÃO BRASILEIRA – OS PROJETOS DE LEI EM TRAMITAÇÃO NO CONGRESSO NACIONAL

Cabe inicialmente, para melhor entendimento, demonstrar e ressalvar os objetivos dos poderes da república consignados na Carta Magna de 1988, que definiu de forma muito clara os papéis institucionais do Senado Federal, da Câmara dos Deputados, do Poder Judiciário e do Poder Executivo, particularmente em relação ao processo legislativo.

Dos artigos 44 a 47 da Constituição Federal, tem-se a clara previsão quanto à existência e composição do Poder Legislativo e do Congresso Nacional. O artigo 44 prevê que o Poder Legislativo é exercido pelo Congresso Nacional, o qual é composto pela Câmara dos Deputados e o Senado Federal.

A partir do artigo 48 da Constituição Federal, encontram-se dispostas as atribuições do Congresso Nacional, destacando-se dentre elas, legislar sobre "o sistema tributário, arrecadação e distribuição de rendas; plano plurianual, diretrizes orçamentárias, orçamento anual, operações de crédito, dívida pública e emissões de curso forçado; fixação e modificação do efetivo das Forças Armadas; planos e programas nacionais, regionais e setoriais de desenvolvimento e limites do território nacional, espaço aéreo e marítimo e bens do domínio da União, dentre tantas outras matérias" (Constituição Federal de 1988, p.27).

O artigo 51 do texto constitucional trata da competência privativa da Câmara dos Deputados, dentre elas: "autorizar, por dois terços de seus membros, a instauração de processo contra o Presidente e o Vice-Presidente da República e os Ministros de Estado; proceder à tomada de contas do Presidente da República" (Constituição Federal de 1988, p.29). Por sua vez, o artigo 52 do texto constitucional trata sobre as competências privativas do Senado Federal, entre elas: "processar e julgar o Presidente e o Vice-Presidente da República nos crimes de responsabilidade, bem como os Ministros de Estado e os Comandantes da Marinha, do Exército e da Aeronáutica nos crimes da mesma natureza conexos com aqueles" dentre outras (Constituição Federal de 1988, p.30).

Tanto a Câmara dos Deputados quanto o Senado Federal possuem um Regimento Interno próprio, nos quais se disciplina toda a matéria que diz respeito ao funcionamento das duas Casas, bem como ao modo de tramitação de Projetos de Lei que são submetidos para aprovação. A Câmara dos Deputados, em seu Regimento Interno (RI), aprovado por meio da Resolução nº 17, de 1989, em seu artigo 131, trata da tramitação das proposições feitas pelos deputados federais, prevendo que "Cada proposição, salvo emenda, recurso ou parecer, terá curso próprio".

O artigo 137 do Regimento Interno da Câmara trata do recebimento e da distribuição das proposições, fixando que: "Toda proposição recebida pela Mesa será numerada, datada, despachada às Comissões competentes e publicada no Diário da Câmara dos Deputados e em avulsos, para serem distribuídos aos Deputados, às Lideranças e Comissões".

Ressalta-se que o Regimento Interno da Câmara também trata do regime de tramitação das proposições apresentadas. O artigo 151 estabelece que "Quanto à natureza de sua tramitação podem ser urgentes as proposições: a) sobre declaração de guerra, celebração de paz, ou remessa de forças brasileiras para o exterior; b) sobre suspensão das imunidades de deputados, na vigência do estado de sitio ou de sua prorrogação; dentre outras. " (Regimento Interno, 1989, p.77).

De igual modo, em relação ao Senado Federal, este também possui um Regimento Interno (RI), o qual foi aprovado por meio da Resolução n° 93, de 1970, a qual dispõe também sobre o funcionamento do Senado, bem como sobre a forma como se deve proceder na apresentação de proposições de projetos de lei de autoria dos senadores e senadoras. O RI do Senado Federal, em seu Título VIII, trata das proposições apresentadas no Senado, sendo que o artigo 211 aborda as espécies de proposições definindo o seguinte: "Consistem as proposições em: propostas de emenda à Constituição; projetos; requerimentos; indicações; pareceres; emendas". O RI do Senado Federal, a exemplo do RI da Câmara dos Deputados, disciplina objetivamente a forma como os projetos de lei devem ter suas respectivas tramitações nas duas Casas.

A elaboração de um projeto de lei, no Brasil, é um processo complexo que passa por diversas etapas que são essenciais para se assegurar a qualidade e a legalidade das leis que regem o ordenamento jurídico brasileiro. Pois bem. Tramitam hoje no Congresso Nacional, diversos projetos de lei que tratam do compliance eleitoral, com a finalidade de impor aos partidos políticos uma série de normas com o intuito de evitar práticas e atos de corrupção e lavagem de dinheiro.

Com iniciativa legislativa no Senado Federal, o Projeto de Lei nº 429/2017, de autoria do Senador Antônio Anastasia, filiado ao Partido da Social Democracia Brasileira de Minas Gerais (PSDB-MG), dispõe que:

> cada partido ficará obrigado a prever o programa de integridade em seu respectivo estatuto e que aquele deverá estabelecer um conjunto de mecanismos internos de controle, auditoria e incentivo à denúncia de irregularidades, bem como uma estratégia para aplicação efetiva de códigos de ética e de conduta, política e diretrizes, com o objetivo de detectar e sanar desvios, fraudes, irregularidades e outros ilícitos praticados ou atribuídos ao partido. (Projeto de Lei nº 429/2017)

A proposta também autoriza o ajuizamento, pelo Ministério Público ou partido político, de representação na Justiça Eleitoral em caso de:

> denúncia contra alguma legenda por falta de efetividade ou inexistência de programa de integridade. Se a acusação se confirmar, sujeita o partido condenado à suspensão do recebimento do fundo partidário pelo período de três a doze meses, no primeiro caso, ou por um ano, no segundo caso. (PLS 429/2017)

No entanto, o PLS 429/2017 traz uma ressalva capaz de resguardar a isenção do diretório nacional nesses episódios. Essa instância partidária ficaria livre das sanções relativas ao Fundo Partidário se comprovar a efetividade do respectivo programa de integridade e se fica constatado, após procedimento interno de apuração, que somente os diretórios estaduais ou municipais seriam responsáveis pelas irregularidades descobertas.

Enfatize-se que o Código de Conduta e Integridade previsto pelo PLS 429/2017 deverá se estruturar em três eixos: "princípios, valores e missão do partido; orientações para a prevenção de irregularidades e de conflitos de interesses; e condutas vedadas aos integrantes ou colaboradores do partido" (PLS 429/2017). Outrossim, apregoa o PLS 429/2017, que o partido terá de oferecer, duas vezes ao ano, treinamentos específicos sobre legislação eleitoral, controles internos, governança, padrões de conduta, código de ética, políticas e procedimentos de integridade. Por fim, determina que a violação do programa de integridade passa a ser causa de cancelamento imediato da filiação partidária.

Esse projeto de lei pretende "aplicar aos partidos políticos as normas sobre programa de integridade", obrigando à criação de mecanismos efetivos de compliance nos moldes já previstos na legislação, especificando cuidados na realização de diligências para conhecer melhor doadores de altas quantias, além de sancionar, com a suspensão do recebimento de verbas do Fundo Partidário, quando de descumprimento da lei, por parte dessas agremiações, ou caso o partido político não implemente o programa ou, ao implementá-lo, não o torne efetivo.

Todavia, é preciso compreender como se dá o processo legislativo. Destaca-se que:

> Qualquer deputado ou senador, e ainda qualquer comissão da Câmara, do Senado ou do Congresso Nacional, o presidente da República, o Supremo Tribunal Federal, os tribunais superiores, o procurador-geral da República e a sociedade de um modo, onde se enquandram os projetos apresentados pelos cidadãos (os projetos de iniciativa popular). (Câmara dos Deputados, n.d., p.01)

É pertinente destacar que "todos os projetos de lei começam a tramitar na Câmara dos Deputados, exceto quando são apresentados por senador ou comissão do Senado. Nesses dois casos, começam pelo Senado" (Câmara dos Deputados, n.d., p.01). De modo específico, "um projeto de lei de iniciativa popular deve ser proposto por pelo menos 1% do eleitorado nacional, o qual dever estar distribuído por pelo menos cinco estados. Em cada estado, é preciso haver a assinatura de pelo menos 0,3% dos eleitores. A tramitação é a mesma do projeto de lei ordinária". (Câmara dos Deputados, n.d., p.01).

Destaca-se, ainda que "o processo legislativo compreende a elaboração, a análise e a votação de vários tipos de propostas: leis ordinárias, medidas provisórias, emendas à Constituição, decretos legislativos e resoluções"

(Câmara dos Deputados, n.d., p.01). Insta salientar que cada proposta segue um caminho (tramitação), conforme se nota pelo fluxograma na figura 1.

Figura 01

Fluxograma referente a tramitação de Projeto de Lei

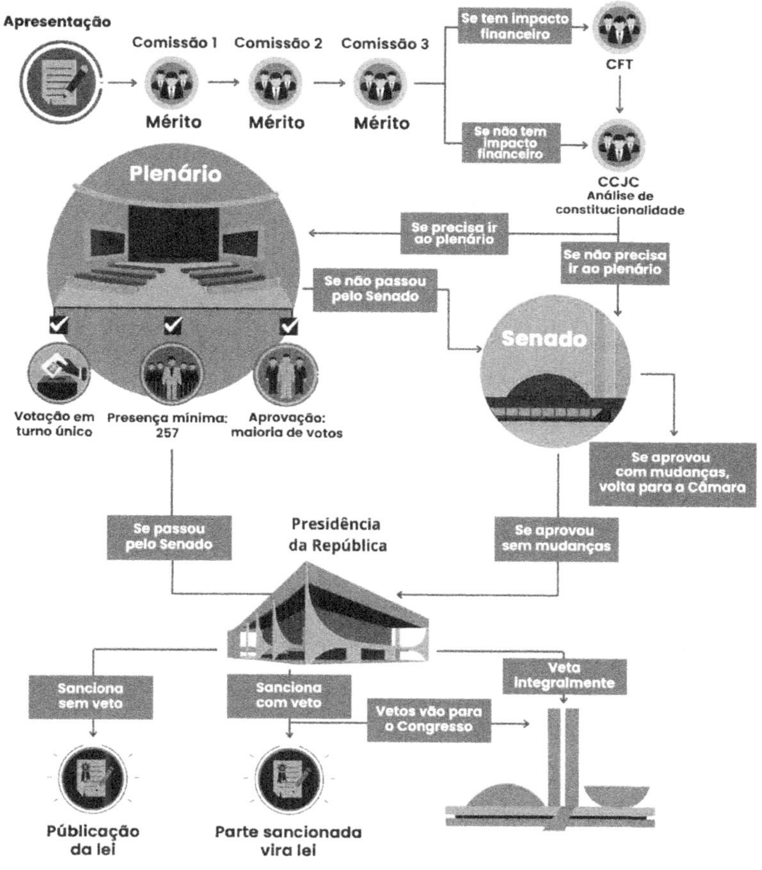

Nota: Fluxograma extraído do site: Câmara dos Deputados: https://www.camara.leg.br/entenda-o-processo-legislativo.

Em linhas gerais, para os partidos, o programa deverá cumprir a sua finalidade de "prevenir, detectar e remediar desconformidades, contando com normativos como código de ética e conduta, um canal de denúncia e mecanismos regulares de auditoria" (PLS 429/2017). Na ultima consulta, o

Projeto de Lei nº 429/2017, que já foi aprovado na Comissão de Constituição e Justiça do Senado, desde janeiro de 2020, está em fase de discussão, análise e votação (em turno único) no plenário do Senado Federal, aguardando-se a sua inclusão na Ordem do Dia.

Além do multicitado PLS 429/2017, há o Projeto de Lei do Senado 60/2017 (de autoria do Senador Ricardo Ferraço – PSDB/ES) - que incentiva a criação de programas de integridade pelos partidos políticos. Ele "altera a Lei 9.096, de 19 de setembro de 1995, para dispor sobre responsabilidade objetiva dos partidos políticos pela prática de atos contra a administração pública e para estabelecer que, na aplicação de penas, seja considerada a existência de mecanismos internos de compliance" (Projeto de Lei do Senado 60/2017, p.01).

Após aprovação naquela Casa Legislativa, o sobredito PL foi enviado para a Câmara dos Deputados, em 2018, recebendo o nº PL 10.219/2018. Este foi apensado ao Projeto de Lei 5.924/2016, que também já tramita na Câmara dos Deputados (neste, inclusive, já havia a anexação do Projeto de Lei 663/2015 e do Projeto de Lei 2.086/2019, da Câmara dos Deputados, de autoria do deputado Federal Kim Kataguiri), este último com tratativa semelhante ao PL 429/2017.

Desde abril de 2023, o referido Projeto de Lei 5.924/2016 encontra-se na Comissão de Tributação e Finanças da Câmara dos Deputados, à qual foi enviado em 16.08.2016. Houve o posicionamento do respectivo Relator, Deputado Felipe Rigoni do Partido Socialista Brasileiro do Espírito Santo (PSB-ES), que no mérito do parecer rejeitou o PL 10.219/2018.

Na essência da proposição constante do Projeto de Lei 5.924/2016, são considerados ilícitos passíveis de responsabilização do partido e de seus dirigentes os atos de corrupção, a utilização de laranjas, o estímulo ou o apoio à prática de atos ilícitos – lógica do projeto de poder – ou mesmo embaraçar a ação fiscalizadora dos órgãos competentes. Em outras palavras, os ilícitos definidos são alguns dos já previstos na citada Lei Anticorrupção (Lei nº 12.846/13), conforme asseverou Sahione (2020).

À semelhança da lei que inspirou tal proposta, os partidos que dispuserem de um programa de compliance poderão ter eventual sanção atenuada. Os parâmetros para o programa de integridade são os mesmos já consagrados pela legislação anticorrupção brasileira – incluídas suas regulamentações – e que atendem aos padrões internacionais.

Por fim, destaque-se que o Projeto de Lei nº 10.219/2018 (e os demais projetos que tramitam anexados), encontram-se aguardando o apensamento ao Projeto de Lei 4.130/2020 (da Câmara dos Deputados, de autoria do deputado Federal Delegado Waldir).

APLICAÇÃO DO COMPLIANCE NOS PARTIDOS POLÍTICOS

Face ao acima demonstrado, em que pese os benefícios de um programa de compliance, a simples sugestão deste ou mesmo a imposição dele aos partidos políticos brasileiros há de ser analisada levando em conta certas peculiaridades. Todavia, antes de se adentrar mais profundamente na realidade de compliance nos partidos políticos brasileiros, faz-se necessário e interessante um breve paralelo com a realidade de compliance vivenciada em outros países, a exemplo dos Estados Unidos, de Portugal e de outras nações da América Latina.

Quanto à realidade dos partidos políticos no país norte americano, deve-se entender que a "Lei sobre Práticas de Corrupção no Exterior, promulgada nos Estados Unidos em 1977, é considerada um marco mundial no combate à corrupção e, portanto, pioneira para o debate sobre compliance" (Lugarinho, 2024, p.01).

A Foreign Corrupt Practices Act, a lei anticorrupção norte-americana conhecida pela sigla FCPA, foi o texto instituído relacionado às investigações que culminaram com a renúncia do então presidente dos Estados Unidos Richard Nixon, em 1974. Em ato contínuo, desencadearam uma apuração referente a forma como se deveria usar o dinheiro de empresas norte-americanas em campanhas políticas feitas no país e em outros países. Segundo Lugarinho

(2024, p.01), "o escândalo político que envolveu um grupo de apoiadores de Richard Nixon, então candidato do Partido Republicano durante as eleições presidenciais dos Estados Unidos em 1972" é conhecido como caso Watergate.

Na ocasião, ainda segundo Lugarinho (2024, p.01) "cinco homens invadiram a sede do Comitê Nacional Democrata – partido de oposição" com a finalidade de fotografar documentos e instalar aparelhos de escuta para espionagem. No decorrer das investigações, foram encontradas gravações que confirmaram que Nixon tinha pleno conhecimento em relação à invasão e espionagem e tal revelação forçou o presidente norte americano a renunciar em 1974. Destaca-se que Watergate foi a mola propulsora para desencadear investigações sobre doações de empresas americanas para o financiamento de campanhas de políticos, tanto nos Estados Unidos como em outros diversos países, envolvendo partidos políticos.

Após as apurações, descobriu-se um verdadeiro esquema de corrupção, o qual incluía centenas de empresas americanas, as quais subornavam funcionários de alto escalão de governos de diversos países com a finalidade de assegurar a realização de negócios. É relevante mencionar que a FCPA criou critérios voltados para a transparência contábil, além de ter definido punições para suprimir o suborno de funcionários de outros países com aplicabilidade aos partidos políticos. Pode-se afirmar, na prática, o que se tem de compliance hoje nos EUA a respeito dos partidos políticos deve-se, em certa medida, aos eventos políticos ocorridos no país que culminaram com a renúncia de um Presidente americano.

Em relação à realidade de compliance em Portugal, faz-se necessário fazer algumas considerações. Segundo Camara et al (2019, p.40), "não obstante o histórico de leis anticorrupção datar desde a década de 1980, a adoção do sistema de compliance em Portugal, tem pouco mais de uma década de efetivação".

Pode-se afirmar que, na realidade portuguesa, a ideia de compliance está mais voltada para "regularizar os códigos de integridade empresarial e, assim como, supervisionar funcionamento dos mercados de valores mobiliários e a atividade das instituições públicas e privadas que possuem atuação no território lusófono" (Camara et al, 2019, p.40). Em Portugal, ainda de acordo com Camara et al (2019, p.43) "o sistema de Compliance é constituído, ainda que indiretamente, por meio da Comissão de Mercado dos Valores Mobiliários (CMVM) e do Instituto Português de Corporate Governance (IPCG)".

O que se percebe, tanto nos Estados Unidos quanto em Portugal e Alemanha, é que em tais países, não há uma legislação impositiva voltada diretamente para partidos políticos, todavia, a legislação de um modo geral, voltada para o combate à corrupção em tais países, serve como parâmetro para que partidos políticos observem as normas concernentes à integridade e o combate à corrupção.

Convém afirmar que, em relação à realidade de compliance em solo português, frisamos que:

> "Por mais que tais organizações de controles sejam competentes na fiscalização e regulamentação do empresariado português bem como na elaboração de orientações e diretrizes à mitigação de riscos e práticas de boa governança, Portugal ainda não reconhece o programa de compliance expressamente, posto que não detém de um marco normativo que defina tal conceito e unifique sua aplicação sobre os agentes econômicos sob sua jurisdição. (Camara et al, 2019, p.97)

Porém, ainda que de forma gradual, o país vem buscando se estruturar de modo organizacional, visando estar preparado para o novo cenário internacional de práticas de mitigação de riscos, todavia, é necessário destacar que se trata de uma evolução muito tímida se comparada com muitos países, sobretudo da Europa, não existindo ainda uma preocupação com o compliance partidário.

Em relação à America Latina, importante destacar como se portam as legislações partidárias dos países que compõem o Cone Sul (Argentina,

Brasil, Chile, Paraguai e Uruguai). Segundo Mayer (2015, p.47), as Legislações Partidárias da América Latina e, mais precisamente do Cone Sul, "variam de acordo com seu grau de restrição sobre as atividades partidárias. Todos os países da região regulam seus partidos com leis específicas".

Destaca que, no caso da Argentina, existe mais de uma lei nacional. Exemplifica que há uma lei sobre as atividades partidárias e outra lei específica sobre o financiamento dos partidos políticos (Lei 25.600/02). Além disso, ainda existem as leis regionais sobre as atividades de suas organizações partidárias.

Por fim, de acordo com Mayer (2015, p.55), as Legislações Partidárias do Cone Sul vão de "normas e regras que fornecem grande autonomia para os partidos (Argentina e Uruguai), legislações intermediárias que regulam alguns aspectos, mas fornecem certa autonomia para outros (Brasil) a regras mais restritivas (Chile e Paraguai)". Ao que se percebe, na realidade dos países da América Latina, incluindo o Cone Sul, há leis partidárias para regular e disciplinar o funcionamento do país, todavia, não há uma legislação específica a determinar a obrigatoriedade da adoção de compliance por tais países.

Especificamente em relação ao Brasil, de acordo com Couto (2019, p.92), primeiro, a autonomia partidária constitui impedimento para que haja ingerência estatal, arbitrária e indevida em seu espectro interno, visto que a liberdade de associação é uma típica liberdade negativa, isto é, exercida "contra o Estado". Segundo, há uma múltipla realidade dos partidos no Brasil, sendo que alguns partidos e instâncias (subsedes etc.) têm absoluta escassez de recursos financeiros, além da falta de estrutura adequada. Terceiro, não bastasse o aduzido no item anterior, há o chamado pluripartidarismo. Este possibilitou que, em nosso cenário político, diante da existência de 32 partidos e, a título de exemplo, de 2005 a 2015 fossem criados 11 partidos, ou seja, uma média de um partido por ano. Para muitos, essa é uma sequência preocupante. Isto, sem olvidarmos que essa lista ainda é crescente, pois, como informa o Tribunal Superior Eleitoral (TSE), atualmente, há 22 partidos que ainda estão em fase de formação, dentre os quais podemos citar: PSPB – Partido dos Servidores Públicos e dos Trabalhadores na Iniciativa Privada do Brasil; PACO

– Partido Conservador; PCS – Partido Carismático Social; PATRI – Patriotas; RNV – Renovar, entre outros.

Em suma, a autonomia partidária, a realidade múltipla dos partidos políticos e o pluripartidarismo são aspectos que devem ser considerados na implantação de um programa de integridade, contingencialmente imposto (quando de lei neste sentido) ou não, a tais agremiações.

No caso brasileiro, deve-se destacar o seguinte: "as tendências de formação do quadro partidário tem sentido os efeitos diversos com partidos de matizes ideológicas heterogêneas sendo formados (ROCHA, 2019, p.82)", e este é um aspecto muito importante quando se trata de criação de um programa de integridade, buscando trazer conformidade para o funcionamento de partidos tão heterogêneos.

BENEFÍCIOS DA IMPLANTAÇÃO DO PROGRAMA DE INTEGRIDADE NA AGREMIAÇÃO POLÍTICA

Conforme já apontado nesta obra, a implantação de um programa de compliance ou integridade traz uma série de vantagens, seja para uma empresa privada, estatal ou mesmo uma agremiação partidária.

Vale lembrar mais uma vez que, em 2014, entrou em vigor a Lei n° 12.846/2013, denominda de Lei Anticorrupção, a qual definiu que empresas, associações e fundações passam a responder no âmbito civil e administrativo pelos atos lesivos que venham a praticar em seu interesse ou benefício e que causem prejuízos ao patrimônio público ou que venham a infringir princípios da administração pública, até mesmo compromissos assumidos no âmbito internacional pelo Brasil.

Cabe mais uma vez mencionar a importância do Decreto nº 11.129, de 11 de julho de 2022, que regulamentou a Lei nº 12.846, de 1º de agosto de 2013, "que dispõe sobre a responsabilização administrativa e civil de pessoas jurídicas pela prática de atos contra a administração pública, nacional ou estrangeira". (Lei nº 12.846/2013)

Percebe-se que um programa de integridade tem se tornado imperioso no sentido de cultura corporativa, seja no espaço de empresas públicas ou privadas. Com o tempo, tal prática deverá se tornar corriqueira. Ademais, no contexto atual "com a sociedade cada vez mais atenta à postura das empresas e o ambiente regulatório mais demarcado, zelar pela integridade tornou-se uma prática de rotina" (Lugarinho, 2023, p.01).

Como facilidade na construção de um programa de compliance, vale citar o SEBRAE, enquanto referência no que diz respeito ao apoio às micro e pequenas empresas (que, sem empencilhos, poderia ser utilizado pelos partidos políticos), criou o sistema de compliance SEBRAE, o qual defende que:

> A implementação de um efetivo Programa de Integridade Corporativa prevê a utilização de vários elementos, inerentes desde à alta administração até os integrantes operacionais das áreas de negócios. Esses elementos devem ser implementados e estruturados em consonância com a estrutura organizacional da entidade (SEBRAE, 2018, p.12).

Segundo o SEBRAE (2018, p.15), à medida que o Programa de Integridade Corporativo é implementado e monitorado de forma completa e ampla, e de modo eficiente, possui a capacidade de proporcionar vários benefícios, buscando agregar valor à empresa. Todavia, para que os benefícios sejam alcançados, é de grande importância que ocorra o patrocínio da alta administração de uma empresa, tendo como base seu exemplo, que deve compreender desde suas atitudes cotidianas e passando, inclusive, por seus pronunciamentos, promovendo, desse modo, o envolvimento e o engajamento dos demais colaboradores.

Segundo Barbosa (2019, p.01), "como qualquer pessoa jurídica, os partidos políticos também devem ter procedimentos e controles robustos, baseados nas melhores práticas nacionais e internacionais, a fim de evitar irregularidades e ilícitos, principalmente por lidarem com recursos públicos". Ainda na concepção de Barbosa (2019), em relação à questão partidária, inúmeros seriam os benefícios obtidos com a adoção do programa de integridade, por meio do qual se constata que o controle interno seria muito mais rigoroso e seria mais tangível apurar as infrações ao código de ética e de conduta em relação, também, com as políticas e diretrizes, com a finalidade de reparar as irregularidades, os desvios, as fraudes e tantos outros ilícitos praticados ou atribuídos ao partido político.

Nesse contexto, tendo como parâmetro os benefícios observados nos programas de compliance desenvolvidos por empresas públicas ou privadas, pode se afirmar que, no contexto dos partidos políticos, várias são as vantagens de se implementar o compliance, dentre as quais, podem ser citados:

1. **Controles internos mais apurados:** significa que a adoção de um programa de integridade, com princípios seguidos por todos, tornando-se de suma importância para estabelecer controles de forma eficaz, evitando, desse modo, que haja desvio de condutas nos espaços destas associações.

2. **Diminuição dos riscos de práticas ilícitas (corrupção, fraudes, lavagem de dinheiro, entre outras):** sabe-se que a prática da corrupção acompanha o próprio desenvolvimento da sociedade humana no decorrer do tempo e, diante disso, sobretudo na realidade brasileira, houve a necessidade de se criar, inclusive, uma legislação própria anticorrupção.

Nesse sentido, a Lei nº 12.846/2013, consolidando-se como um dos marcos imprescindíveis do problema sistêmico no Brasil que é a corrupção, a qual atinge diversos setores do país. Basta lembrar que a Lei Anticorrupção, indubitavelmente, agregou mais agilidade no que tange ao processo de responsabilização das empresas que se envolvem em práticas ilícitas. Ela passou a punir organizações com sanções de ordem financeira e administrativa, posto que a legislação atinge de modo direto os interesses econômicos das empresas, o que serve como um fator inibidor da corrupção.

Em relação aos partidos políticos, não seria diferente uma vez que houvesse procedimentos internos de ordem prática e política capaz de inibir e punir atos de corrupção. Certamente as práticas ilícitas seriam drasticamente reduzidas.

3. Melhores avalições de riscos (reputacionais e financeiros, por exemplo): a relação dos partidos políticos com a sociedade brasileira de um modo geral não é uma relação de proximidade. Segundo Amaral (2013)

> A análise do relacionamento dos partidos políticos com outras organizações da sociedade civil sempre foi um tema fundamental para a compreensão do desenvolvimento organizativo das agremiações políticas. Especialmente na experiência democrática europeia, os partidos utilizam as organizações (como sindicatos, grupos religiosos, etc.) como forma de criarem vínculos com setores do eleitorado. Em troca, fornecem o acesso à formulação de políticas públicas. Dessa maneira, as organizações da sociedade civil desempenham o papel de intermediários entre a sociedade e os partidos políticos e auxiliam na agregação de interesses (Amaral, 2013, p.24).

É preciso considerar que no Brasil não seria muito diferente do que foi exposto por Amaral (2013) quando considera que muitas organizações da sociedade civil desempenham, de fato, um papel intermediário entre a sociedade e os partidos políticos. A adoção do compliance produz melhores avaliações no que tange aos riscos reputacionais, pois a prática de um programa de integridade reduz a ocorrência de tais possibilidades, vez que há um sistema de prevenção visando assegurar que se mantenha não só a reputação de uma empresa, mas também das pessoas que prestam serviços para uma entidade pública, privada ou mesmo um partido político.

Com a adoção do compliance, também se assegura melhores avaliações no que diz respeito aos riscos financeiros. Uma empresa que adota de forma efetiva uma boa política de prevenção e integridade tem menos riscos de ter que lidar com desvios de recursos financeiros, pois, de certo modo, dispõe de uma série de mecanismos que coíbem possíveis desvios e fraudes. Quanto à atividade partidária no Brasil, de forma geral, pode-se afirmar que o seu desempenho não é de amplo conhecimento da população e que nem sempre goza da total confiança do cidadão no que tange à credibilidade, por exemplo.

É preciso ainda levar em consideração a posição de Amaral (2013), ao afirmar que "de fato, pouco sabemos como se estruturam os partidos políticos brasileiros que se organizaram desde o final do regime militar (1964-1985). Esta é uma situação que contrasta com os avanços verificados em outros temas da Ciência Política nacional, como a que aborda o próprio sistema partidário e a que trata das relações Executivo-Legislativo, para ficarmos apenas em algumas" (Amaral, 2013, p.25).

Ademais, tendo em vista que grande parte do custo das campanhas eleitorais são bancadas pelo poder público, pode-se afirmar que "há, sim, argumentos para se afirmar que o Brasil possui um modelo de financiamento partidário-eleitoral com forte interferência pública" (Campos, 2009, p.167). No Brasil, uma vez que grande parte dos custos de campanha são patrocinados com dinheiro público, faz-se necessário que haja rigoroso controle dos recursos financeiros, sobretudo daqueles oriundos das verbas públicas. Nesse sentido, a adoção de um sistema de compliance será de grande valia para o melhor funcionamento e a transparência dos partidos políticos, principalmente em relação a prestação de contas dos recursos financeiros.

4. Maior transparência referente aos gastos, doações recebidas etc., sobretudo em virtude de atuação fiscalizatória independente e auditorias: Uma das questões que geram "desconfiança" é em relação aos gastos feitos pelos partidos políticos, bem como a destinação das doações recebidas e a falta de transparência em relação à prestação de contas.

Se houver a devida transparência, certamente isso redundará em credibilidade, gerando confiança em relação às agremiações partidárias.

Segundo a Resolução nº 23.607/2019 do Tribunal Superior Eleitoral (TSE), durante todo o processo eleitoral, cabe à Justiça Eleitoral (JE), caso seja necessário, fiscalizar a arrecadação e a aplicação de recursos com o objetivo de subsidiar a análise das prestações de contas de partidos políticos de candidatos. Vale lembrar que o artigo 1º da Resolução nº 23.607/2019 é muito enfático ao prever que tal Resolução visa disciplinar a arrecadação e os gastos de recursos por partidos políticos, candidatas ou candidatos, em campanha eleitoral e a prestação de contas à Justiça Eleitoral.

O artigo 15 da Resolução nº 23.607/2019/TSE deixa muito claro sobre a origem dos recursos financeiros destinados às campanhas eleitorais recebidos pelos partidos, prevendo que:

> Art. 15. Os recursos destinados às campanhas eleitorais, respeitados os limites previstos, somente são admitidos quando provenientes de:
>
> I - recursos próprios das candidatas ou dos candidatos;
>
> II - doações financeiras ou estimáveis em dinheiro de pessoas físicas;
>
> III - doações de outros partidos políticos e de outras candidatas ou de outros candidatos;
>
> IV - comercialização de bens e/ou serviços ou promoção de eventos de arrecadação realizados diretamente pela candidata ou pelo candidato ou pelo partido político;
>
> V - recursos próprios dos partidos políticos, desde que identificada a sua origem e que sejam provenientes:
>
> a) do Fundo Partidário, de que trata o art. 38 da Lei nº 9.096/1995 ;
>
> b) do Fundo Especial de Financiamento de Campanha (FEFC);
>
> c) de doações de pessoas físicas efetuadas aos partidos políticos;
>
> d) de contribuição das suas filiadas ou dos seus filiados;

> e) da comercialização de bens, serviços ou promoção de eventos de arrecadação;
>
> f) de rendimentos decorrentes da locação de bens próprios dos partidos políticos;
>
> VI - rendimentos gerados pela aplicação de suas disponibilidades (RESOLUÇÃO Nº 23.607/2019/TSE, p.04).

A referida Resolução editada pelo TSE é clara quanto aos casos em que serão admitidos recursos financeiros para serem investidos em campanhas, ressaltando que as origens dos recursos devem ser lícitas e comprovadas. Ressalta-se que, neste caso, um programa de compliance seria de grande utilidade para as agremiações partidárias dado o desenvolvimento de uma cultura de integridade aplicada ao âmbito dos partidos.

5. Atração de mais eleitores devido à credibilidade passada pelas novas normas implementadas: é de se ponderar que, uma vez se desenvolvendo um programa de integridade, como consequência natural, haveria um número considerável de pessoas a se filiar nos partidos políticos. Como consequencia ainda, tal postura geraria uma conquista de mais afiliados.

Quanto à filiação partidária, a Lei nº 9.096/1995 dispõe sobre os partidos políticos. Essa lei prevê que os partidos políticos serão os responsáveis pela atualização da relação de seus filiados junto à Justiça Eleitoral, sendo tal encaminhamento feito via internet, por meio do Sistema de Filiação Partidária (Filia). O disposto no artigo 19 prevê que:

> Deferido internamente o pedido de filiação, o partido político, por seus órgãos de direção municipais, regionais ou nacional, deverá inserir os dados do filiado no sistema eletrônico da Justiça Eleitoral, que automaticamente enviará aos juízes eleitorais, para arquivamento, publicação e cumprimento dos prazos de filiação partidária para efeito de candidatura a cargos eletivos, a relação dos nomes de todos

os seus filiados, da qual constará a data de filiação, o número dos títulos eleitorais e das seções em que estão inscritos. (Brasil, 1995, p.05)

Além da previsão legal quanto à forma de se fazer a filiação partidária, defende-se a ideia de que, ao criar um programa de compliance, de integridade, principalmente em relação à transparência na gestão de recursos financeiros, tais medidas adotadas poderia redundar em um número maciço de novos afiliados, pois despertaria o interesse dos cidadãos de fazer parte de uma agremiação que seja marcada pela transparência e lisura na prestação de contas.

A existência de uma agremiação partidária que prima pela transparência e honestidade pode ter como consequência muito mais recursos econômicos destinados para as atividades políticas, inclusive para as campanhas partidárias.

6. Impedimento do ingresso de recursos oriundos da corrupção nas agremiações: havendo mais transparência na gestão de recursos financeiros pelos próprios partidos, não existiriam campanhas eleitorais patrocinadas pelo dinheiro de atividades ilíctas, a exemplo do tráfico. É verdade que a lei já elenca de forma taxativa a origem dos recursos que devem ser utilizados pelos partidos políticos, todavia, o mundo do crime organizado sempre encontra alternativas para lavar dinheiro oriundo das atividades criminosas. Sabe-se que a corrupção no Brasil também faz parte da realidade da política eleitoral. Nesse sentido, pode se afirmar que:

Na política, a corrupção está associada à persecução de objetivos privados em detrimento do interesse geral. Tomam-se decisões políticas levando-se em conta interesses de grupos ou até mesmo interesses particulares, dandolhes roupagem de interesse público. Mas esta utilização do exercício do poder político para a obtenção de vantagens pessoais, em geral, vantagens pecuniárias, em típico desvio de poder, não é a única forma de manifestação do fenômeno da corrupção. O fenômeno da corrupção pode se manifestar igualmente de modo a utilizar-se de meios ilícitos para o alcance de fins lícitos. (Monteiro 2006, p.399).

Sabe-se que as práticas de corrupção permeiam, também, as agremiações partidárias e não se pode admitir que partidos políticos, utilizando-se de recursos públicos, vivam às margens da legislação eleitoral, adotando práticas espúrias de corrupção, devendo-se combater tais práticas de forma veemente. A adoção de um programa de integridade, por meio de compliance feito por uma agremiação partidária, certamente, resultaria em uma melhor imagem da agremiação partidária, uma vez que diminuiria a imagem negativa dos partidos políticos, enquanto órgãos que passam a imagem de que não fazem a devida prestação de forma transparente dos recursos que recebem.

Por certo que um partido político, ao adotar uma nova forma de fazer política no Brasil, com postura idônea, teria de modo indubitável uma significativa melhoria na sua gestão como um todo. Em virtude dos diversos benefícios da criação e efetivação dessa ferramenta de gestão, na prática, não se vislumbra desvantagens ao partido político que o implantar (mesmo porque, pelo simples fato de o implementar, infere-se que a agremiação tem compromisso com a transparência, lisura e comportamento ético e moral de seus dirigentes e afiliados).

O PROGRAMA DE COMPLIANCE NA REALIDADE PARTIDÁRIA BRASILEIRA

Sob a ótica partidária, de acordo com Lopes (2023), o compliance deve estabelecer códigos rígidos de conduta para as agremiações partidárias, os candidatos e as demais pessoas físicas ou jurídicas envolvidas no processo eleitoral. E ainda, "deve orientar e supervisionar a militância e os dirigentes, sobretudo que há uma infinidade de normas aplicáveis às campanhas eleitorais e, frequentemente, elas são mal interpretadas por tais pessoas" (Lopes, 2023, p.05).

Ademais, ainda de acordo com Lopes (2023), deverá incluir exigências para a adequada prestação de contas, o teto de gastos, as condições para lançamento de pré-candidatura e os requisitos para o registro de candidatura. Além disso, deve incluir informação e orientação quanto às regras de propaganda eleitoral e os critérios de inelegibilidade, dentre outros regramentos pertinentes, de forma a cumprir a legislação eleitoral e imprimir transparência e integridade às candidaturas e à participação da agremiação e seus afiliados no processo eleitoral.

EXEMPLO BRASILEIRO

Como já afirmado, na legislação brasileira, não há, até o momento, lei vigente que preveja o compliance eleitoral e sua imposição (ou não). Porém, nada impede que os partidos políticos venham a tomar a iniciativa própria de criar e implementar tal programa de integridade, tendo por base, inclusive, as várias fontes supramencionadas.

Nesse intento, registre-se que os partidos Movimento Democrático Brasileiro (MDB), Partido Democrático Trabalhista (PDT), Podemos (PODE), Partido da Social Democracia Brasileira (PSDB), Partido Social Liberal (PSL) e o Partido dos Trabalhadores (PT) anunciaram, entre 2017 e 2019, que contratariam assessorias especializadas na implementação de programas de compliance.

O PSL, à época, sob o enfoque de uma investigação de "candidaturas laranjas", foi o primeiro a anunciar publicamente o início da implementação do seu programa de integridade. O MDB, apesar de anunciar, em 2017, sua intenção de adotar um programa de compliance, ainda não o implementou. Já com relação ao PT, em que pese o projeto de compliance ter sido aprovado em 2018, a implementação do programa também não ocorreu. Em 2019, o PSDB criou um código de ética e políticas internas de integridade e conformidade, contudo, não havia ainda uma estrutura para gerenciar e aplicar o programa de compliance. Assim, vê-se que, até 2020, nenhum outro partido político brasileiro havia implantado um sistema anticorrupção efetivamente robusto e sistêmico que estabelecesse regras de conduta ética mais rígidas do que a legislação estabelece para as instituições públicas e privadas.

No entanto, em meados de 2021, o Podemos veio a implementar um sistema de compliance no diretório nacional, tornando-se o primeiro partido político do país que, por iniciativa própria, implantou essa ferramenta. O programa apresentou quinze pilares de integridade partidária, tais como, códigos de conduta ética, controles internos e regras de transparência e controles contábeis e financeiros, auditorias internas, canais de denúncias de irregularidades e procedimentos de investigações internas conduzidas por uma área de compliance, buscando garantir transparência. Ao acionar o canal de denúncia do PODEMOS, que é uma das ferramentas do programa de compliance, percebe-se que há uma explicação de como se proceder no que tange às denúncias feitas.

Aduz o informativo do canal de denúncias que este "é voltado para o recebimento de denúncias de boa-fé, que estejam relacionadas a desvios de conduta ética, deveres partidários ou ilícitos praticados, contra o Código de Ética, estatuto e regulamentos internos do Partido ou legislação" (SITE INSTIRUCIONAL PODEMOS, 2024, p.01)

No site do PODEMOS, há uma nota explicativa informando que:

> "O Programa de Compliance e Integridade está sendo implementado no PODEMOS Nacional, assim, caso a denúncia se refira à algum Diretório Estadual ou Municipal, este será informado da denúncia (após triagem do Compliance do PODEMOS Nacional) e será responsável por sua gestão." (Site Institucional PODEMOS, 2024, p.01)

Tal nota leva à conclusão de que o Programa de Compliance no âmbito do PODEMOS Nacional está em construção. Ou seja, na prática, tal programa de conformidade ainda não está funcionando como deveria.

ANÁLISE DOS PARTIDOS POLÍTICOS COM BASE NAS INFORMAÇÕES DO TRIBUNAL SUPERIOR ELEITORAL (TSE) QUANTO AO USO EFETIVO DE COMPLIANCE PELAS AGREMIAÇÕES PARTIDÁRIAS

Neste estudo, com base nas informações coletadas no site do TSE durante o segundo semestre de 2023, analisou-se quais partidos politcos, efetivamente, possuiam um programa de compliance, notando-se que a maioria ainda não adotou tal prática, qual seja, criar um procedimento de integridade, sobretudo no que tange à prestação de contas. Coletou-se, também, os valores distribuídos pelo fundo partidário e a posição das prestações de contas das Eleições do ano de 2022.

No que concerne ao código de ética, percebe-se que a maioria avassaladora dos partidos ainda não teve a preocupação de criar um documento que tratasse de forma única e própria a postura ética do partido, estabelecendo as diretrizes acerca do código de conduta por parte dos seus filiados. A maioria dos partidos em análise não apresenta um código de ética/conduta e programa de compliance. Constatou-se que, do universo percentualmente apreciado, apenas 3,13% das agremiações partidárias ostentam de forma efetiva um programa de compliance. Dos partidos políticos registrados no TSE, 93,75% não apresentaram projeto de lei nas casas legislativas acerca da aplicação obrigatória de um programa de compliance nas legendas partidárias.

Nota-se, de forma constrangedora, que a política da transparência e da conformidade, nos termos de um programa de compliance, ainda não é uma realidade nos partidos políticos. Isso é lamentável, principalmente, quando se pensa que, em cada período eleitoral, são disponibilizados valores vultosos do dinheiro público, gastos sobretudo em campanhas políticas visando eleição de candidatos para os mais diversos cargos públicos.

Nesse sentido, é de extrema necessidade e importância que se aprove com a maior celeridade possível leis que obriguem as agremiações partidárias a desenvolver programas de integridade sob pena de terem retenção de recurso oriundos do Fundo Partidário, dinheiro público por excelência. Abaixo, foram relacionadas todas as agremiações políticas registradas no TSE, e apontou-se quais implementaram um programa de compliance.

Figura 02 – Tabela Partidos Políticos que possuem Programa de Compliance

PARTIDO	POSSUI COMPLIANCE?
AGIR	NÃO
AVANTE	NÃO
CIDADANIA	NÃO
DC	NÃO
MDB	NÃO
NOVO	NÃO
PATRIOTA	NÃO
PCB	NÃO
PCdoB	NÃO
PCO	NÃO
PDT	NÃO
PL	NÃO
PMB	NÃO
PMN	NÃO
PODEMOS	SIM
PP	NÃO
PROS	NÃO
PRTB	NÃO
PSB	NÃO
PSC	NÃO
PSD	NÃO
PSDB	NÃO
PSOL	NÃO
PSTU	NÃO
PT	NÃO
PTB	NÃO
PV	NÃO
REDE	NÃO
REPUBLICANOS	NÃO
SOLIDARIEDADE	NÃO
UNIÃO	NÃO
UP	NÃO

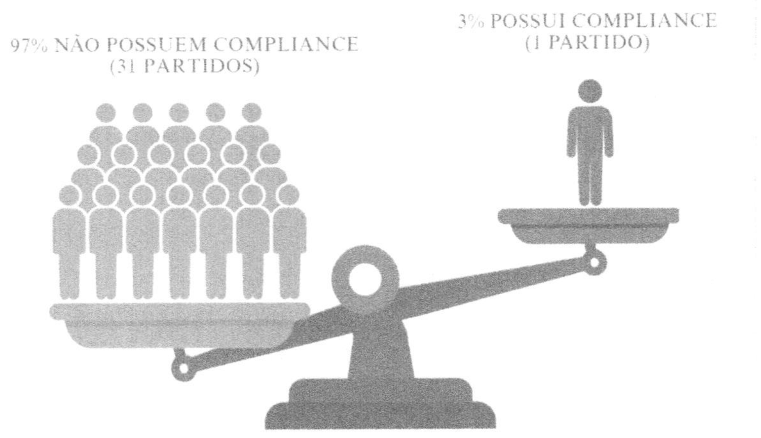

1 - O Partido PTC passou a se chamar AGIR em 2022

2 - O partido PPS passou a se chamar CIDADANIA em 2019

3 - Considerando os votos e candidatos do PRP, incorporado pelo PATRIOTA

4 - Considerando os votos e candidatos do PPL, incorporado pelo PCdoB

5 - O partido PR passou a se chamar PL em 2019

6 - Considerando os votos e candidatos do PHS, incorporado pelo PODEMOS

7 - O partido PRB passou a se chamar REPUBLICANOS em 2019

8 - Considerando os votos e candidatos do DEM e do PSL, que após fusão em 2022, passou a se chamar UNIÃO BRASIL (UNIÃO)

9 - O partido UP foi deferido no TSE em 10.12.2019. Não participou das eleições 2018

10 - Votos válidos são a soma dos votos nominais e votos em legenda, considerando as incorporações e fusões

11 - Informações disponibilizadas no Portal do TSE (https://www.tse.jus.br/partidos/partidos-registrados-no-tse), consultadas em 22/04/2022.

12 - Conforme tabela "Deputados Federais Eleitos" - Considerando as migrações, incorporações e fusões previstas em lei 13 - Conforme tabela "Senadores Eleitos" - Considerando as migrações, incorporações e fusões previstas em lei

Nota: Informações obtidas no site do TSE através através do link: https://divulgacandcontas.tse.jus.br/divulga/#/consulta/prestacoes-esperadas/2040602022

É relevante, mais uma vez destacar, que todas as informações aqui apresentadas foram colhidas no sítio oficial do Tribunal Superior Eleitoral (TSE), que é órgão máximo da Justiça Eleitoral. Este órgão exerce um papel de fundamental importância na construção e no exercício da democracia brasileira. Além disso, destaca-se que suas principais competências encontram-se previstas na Constituição Federal e no Código Eleitoral, a Lei nº 4.737, de quinze de julho de 1965.

Registre-se que o TSE desempenha suas funções institucionais através de ações conjuntas com os Tribunais Regionais Eleitorais (TREs), os quais, por sua vez, são os responsáveis diretos pela administração do processo eleitoral nos estados e nos municípios brasileiros. A composição da Corte Eleitoral é feita de sete ministros, sendo que três são originários do Supremo Tribunal Federal (STF), dois ministros são oriundos do Superior Tribunal de Justiça (STJ) e dois são representantes da classe dos juristas – sendo advogados com notável saber jurídico e idoneidade. Vale mencionar que cada ministro é eleito para um biênio, sendo proibida a recondução após dois biênios consecutivos. Destaca-se que a rotatividade dos juízes no âmbito da Justiça Eleitoral tem como finalidade principal manter o caráter apolítico dos tribunais, garantindo-se, dessa forma, a isonomia no processo eleitoral.

Quanto aos partidos políticos que possuem programa de compliance, conforme informações disponibilizadas pelo próprio TSE, observando a tabela anterioremente disposta, apenas o PODEMOS tem registrado um programa de conformidade. Há mais de trinta partidos políticos que recebem recursos públicos e não demonstram essa preocupação nem, tão pouco, boa vontade para se adequar a uma politica de conformidade que prima, principalmente, pela transparência, requisito inerente às boas praticas de governança corporativa e que podem, sem sombras de dúvidas, ser incorporada às agremiações partidárias.

Figura 03 – Partidos Políticos que possuem Código de Ética/Conduta:

PARTIDO	POSSUI CÓDIGO DE ÉTICA
AGIR1	NÃO
AVANTE	NÃO
CIDADANIA2	SIM
DC	NÃO
MDB	SIM
NOVO	SIM
PATRIOTA3	NÃO
PCB	NÃO
PCdoB4	NÃO
PCO	NÃO
PDT	NÃO
PL5	SIM
PMB	NÃO
PMN	SIM
PODEMOS6	NÃO
PP	SIM
PROS	SIM
PRTB	NÃO
PSB	SIM
PSC	NÃO
PSD	NÃO
PSDB	SIM
PSOL	NÃO
PSTU	NÃO
PT	SIM
PTB	NÃO
PV	NÃO
REDE	SIM
REPUBLICANOS7	NÃO
SOLIDARIEDADE	NÃO
UNIÃO8	NÃO
UP9	NÃO

1 - O Partido PTC passou a se chamar AGIR em 2022

2 - O partido PPS passou a se chamar CIDADANIA em 2019

3 - Considerando os votos e candidatos do PRP, incorporado pelo PATRIOTA

4 - Considerando os votos e candidatos do PPL, incorporado pelo PCdoB

5 - O partido PR passou a se chamar PL em 2019

6 - Considerando os votos e candidatos do PHS, incorporado pelo PODEMOS

7 - O partido PRB passou a se chamar REPUBLICANOS em 2019

8 - Considerando os votos e candidatos do DEM e do PSL, que após fusão em 2022, passou a se chamar UNIÃO BRASIL (UNIÃO)

9 - O partido UP foi deferido no TSE em 10.12.2019. Não participou das eleições 2018

Nota: Informações obtidas no site do TSE através através do link: https://divulgacandcontas.tse.jus.br/divulga/#/consulta/prestacoes-esperadas/2040602022

Figura 04 - Gráfico Partidos Políticos que possuem Código de Ética

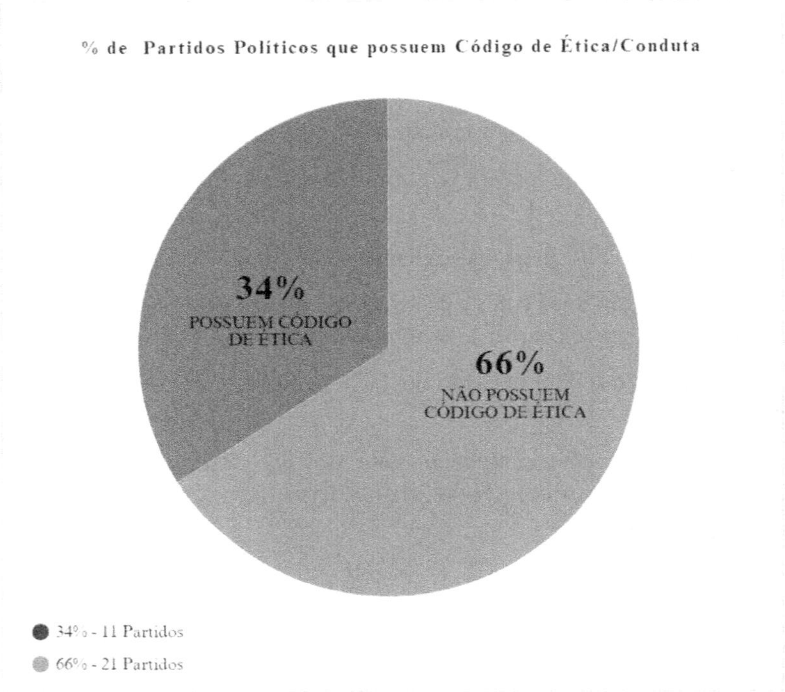

Nota: Informações obtidas no site do TSE através através do link: https://divulgacandcontas.tse.jus.br/divulga/#/consulta/prestacoes-esperadas/2040602022

Outro ponto importante identificado na coleta de dados é em relação aos partidos políticos que possuem um código ética. Destaca-se que a ética é algo relevante na vida em sociedade, norteador da cultura da conformidade, posto que:

> A ética é importante porque diz respeito à conduta do ser humano, não apenas em relação a si mesmo, mas também em relação aos seres com os quais interage, e ao próprio ambiente que os rodeia.8 Compreende a ética, então, os ideais pelos quais devemos nos esforçar (por exemplo, a luta por eleições justas) e, especialmente, o modo

como deve o indivíduo se comportar (atitudes que devemos todos assumir para que aquele plano se concretize). (Alvim, 2014, p.01)

Pode-se afirmar que as normas para a conduta ética podem variar no tempo e no espaço; dependendo, todavia, de cada contexto social e político, não só de cada época, mas também de cada país.

Em relação aos partidos políticos, é plausível esperar que tenham um código de ética especificamente elaborado e não cláusulas esparsas inseridas no seu estatudo. Espera-se um código propriamente dito, que designe condutas e forma de agir do ponto de vista ético, não apenas insculpidas isoladamente em seus documentos constitutivos.

Infelizmente, os dados colhidos por meio do TSE, apontam que a maioria das legendas não possui um código de ética propriamente dito. Basta analisar que, dos trinta e dois partidos atualmente com registro no TSE, apenas onze partidos apresentam um código de ética, ou seja, apenas 34% dos partidos políticos de fato possuem um código de ética. Nesse sentido, observa-se que as agremiações partidárias em sua maioria não estão preocupadas em construir uma cultura voltada para um comportamento ético. Não firmaram um código de ética elaborado com este fim, o qual deveria ser utilizado para orientar todas as atividades de uma agremiação partidária.

Nota-se que, além de não ter um programa de conformidade, os partidos políticos também não têm se preocupado em firmar uma cultura da conduta personificada nos bons costumes e na probidade, pautando as suas ações com base nos pilares da integridade perante a sociedade política. Infere-se, portanto, que os partidos políticos ainda estão longe de adotar uma postura ética condizente com os seus respectivos papéis de formadores de uma sociedade justa e fraterna.

Do universo dos partidos políticos registrados no TSE, um total de 63% não possuem um programa de compliance ou conformidade nem, tão pouco, um código de ética, pois há um percentual considerável de partidos que ainda não se adequaram às normas de conformidade ou a um código de ética. Nesta análise, percebemos que apenas 3,13% efetivamente possuem um código de ética e um programa de compliance. Lembramos que órgãos governamentais e corporações buscam adequar-se a uma nova realidade de conformidade, a exemplo do Tribunal de Contas da União (TCU) e, até mesmo, órgãos deliberativos máximos como é o caso do Serviço Brasileiro de Apoio às Micro e Pequenas Empresas (SEBRAE), que fizeram escolhas por um modelo de governança que demonstre mais credibilidade e transparência. Logo, pela condição que ostentam as agremiações partidárias, por meio do seu viés politico, estando, ainda que indiretamente, ligado ao fomento de fornecer os agentes públicos que irão fazer parte dos poderes da república, é imperativo que tais agremiações partidárias avançassem no sentido de possuir um programa de conformidade.

O baixíssimo índice de 3,13% demonstra que a absoluta maioria das agremiações partidárias tem dificuldade em construir uma cultura de transparência, de governança proba, que desempenhe suas atividades com os pilares da ética, da honestidade e da absoluta higidez na governança interna. Em que pese tal realidade, conforme anteriormente mencionado, temos em trâmite atualmente, Projetos de Lei que obrigam partidos políticos a adotar um programa de compliance, apontando para um futuro que vislumbra mais transparência na administração dos partidos políticos, até porque, uma vez aprovado nos moldes em que foi apresentado, imporá sanções para as agremiações partidárias, o que lhes obrigará a adotar um sistema de governança sólido e transparente.

As ilustrações anteriores (gráficos e tabelas) apontam para um cenário desolador. Mais uma vez, a realidade constatada é desanimadora para a pratica da conformidade pelos partidos políticos. De um modo geral, não existe a preocupação com os atos interna corporis das agremiações partidárias.

Nesse contexto de busca por uma administração partidária mais transparente, apenas o Partido da Social Democracia Brasileira (PSDB) e o UNIÃO BRASIL possuem, atualmente, em tramite no Congresso, projeto de lei para a adoção de um programa de compliance, demonstrando preocupação e iniciativa para desenvolver um sistema de governança mais transparente. É relevante, mais uma vez, destacar que 93,75% das agremiações partidárias com registro no TSE não estão preocupadas em adotar políticas de administração por meio de um programa de compliance, visando desenvolver ações de cunho financeiro mais sólidas e transparente, minimizando dessa forma, os riscos em relação aos desvios do dinheiro público.

É preocupante que, em um universo de 32 partidos políticos, apenas duas agremiações partidárias, a exemplo do PSDB e UNIÃO BRASIL, tenham tomado a iniciativa, por meio dos seus parlamentares, de produzir um Projeto de Lei voltado para a implantação obrigatória de um programa de compliance com o intuito de melhor desenvolver suas ações administrativas e financeiras. O que se percebe, como já explanado neste texto, é que, em muitos momentos, os interesses pessoais acabam se sobrepujando sobre os interesses públicos e coletivos e, diga-se de passagem, nos partidos políticos, não tem sido diferente.

Todavia, espera-se que atitudes como a do PSDB e UNIÃO BRASIL, via seus agentes políticos, sirva como exemplo e como meio de incentivo para que outras agremiações partidárias apoiem, junto ao Congresso Nacional, a obrigatoriedade da implantação de um programa de integridade nos partidos políticos. Também se espera que busquem mecanismos e ferramentas para desenvolver uma administração em conformidade com as melhores práticas de governança, sobretudo no que tange ao manuseio dos recursos públicos, gerando, com isso, credibilidade para os próprios partidos políticos.

Figura 05 – Tabela de Distribuição do Fundo Partidário

Partido Político Diretório Nacional	Total líquido Recebidos de Recursos	% do total líquido de Recursos
UNIÃO BRASIL	R$ 723.152.280,02	13,80%
PT	R$ 502.985.332,12	9,60%
PP	R$ 418.901.335,49	7,99%
MDB	R$ 389.903.893,20	7,44%
PL	R$ 382.882.891,57	7,31%
PSD	R$ 354.552.043,01	6,76%
PSDB	R$ 323.464.212,34	6,17%
REPUBLICANOS	R$ 321.430.350,05	6,13%
PSB	R$ 272.118.102,45	5,19%
PDT	R$ 257.074.986,44	4,90%
PODEMOS	R$ 228.420.379,84	4,36%
PTB	R$ 116.090.400,89	2,21%
SOLIDARIEDADE	R$ 107.657.146,74	2,05%
PSOL	R$ 101.724.193,20	1,94%
AVANTE	R$ 98.152.938,18	1,87%
PATRIOTA	R$ 95.429.641,25	1,82%
CIDADANIA	R$ 87.762.023,67	1,67%
PROS	R$ 86.070.257,36	1,64%
PCdoB	R$ 80.795.431,23	1,54%
PSC	R$ 79.154.301,03	1,51%
REDE	R$ 68.906.793,19	1,31%
PV	R$ 50.109.618,62	0,96%
AGIR	R$ 32.659.784,96	0,62%
PMN	R$ 28.352.805,42	0,54%
DC	R$ 14.555.382,68	0,28%
NOVO	R$ 3.379.825,99	0,06%
PSTU	R$ 3.106.510,86	0,06%
PMB	R$ 3.104.888,90	0,06%
PCO	R$ 3.100.949,86	0,06%
PRTB	R$ 3.100.949,86	0,06%
UP	R$ 3.100.949,86	0,06%
PCB	R$ 2.722,00	0,00%
TOTAL	R$ 5.241.203.322,28	

OBS: 15 - O Partido UP não participou das eleições do segundo turno

Nota: Informações obtidas no site do TSE através através do link: https://divulgacandcontas.tse.jus.br/divulga/#/consulta/prestacoes-esperadas/2040602022

Figura 06 – Gráfico Porcentagem do total líquido de recursos do Fundo Partidário

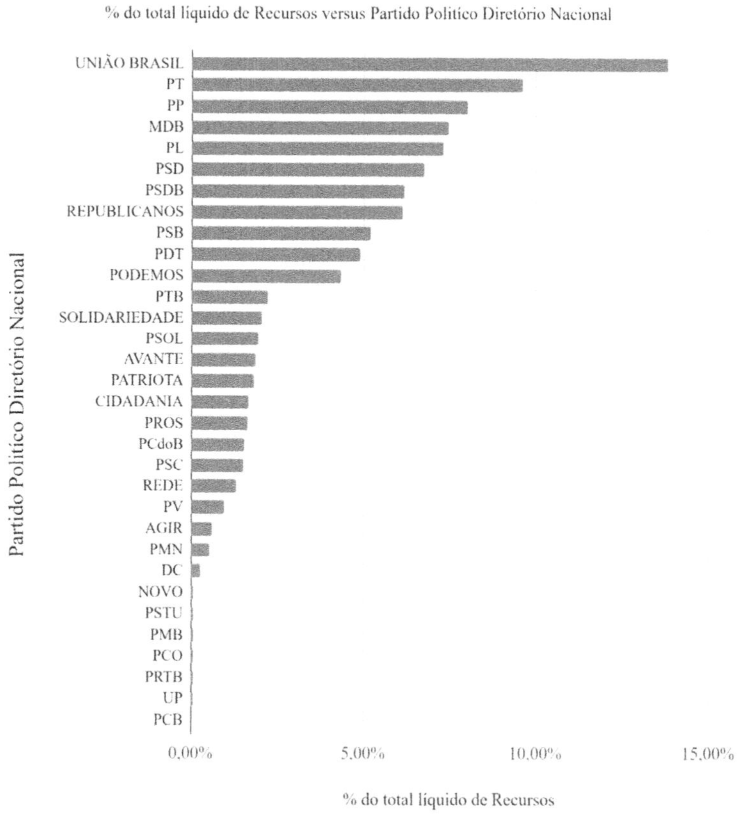

Nota: Informações obtidas no site do TSE através através do link: https://divulgacandcontas.tse.jus.br/divulga/#/consulta/prestacoes-esperadas/2040602022

O gráfico acima aponta para a distribuição do Fundo Partidário entre os partidos políticos referente ao último pleito eleitoral de 2022. Para que se entenda como se dá a divisão dos recursos repassados pelo chamado Fundo Eleitoral, é necessário mencionar que o TSE publicou a Resolução n° 23.664/2021, que estabeleceu as diretrizes gerais para a gestão e a distribuição dos recursos do Fundo Eleitoral para as Eleições Gerais de 2022, alterando a

Resolução TSE nº 23.605/2019, que determinou o repasse do Fundo Especial de Financiamento de Campanha (FEFC) para o pleito municipal de 2020.

Antes de tudo, é preciso apontar que a previsão legal do chamado Fundo Eleitoral está expressa na Lei nº 9.504, de 30 de setembro de 1997, nos seguintes termos:

> Art. 16-C. O Fundo Especial de Financiamento de Campanha (FEFC) é constituído por dotações orçamentárias da União em ano eleitoral, em valor ao menos equivalente:
>
> I - ao definido pelo Tribunal Superior Eleitoral, a cada eleição, com base nos parâmetros definidos em lei;
>
> II - ao percentual do montante total dos recursos da reserva específica a programações decorrentes de emendas de bancada estadual impositiva, que será encaminhado no projeto de lei orçamentária anual.

Criado, em 2017, como alternativa ao financiamento de campanhas eleitorais por pessoas jurídicas, proibido a partir da Minirreforma Eleitoral de 2015, destaca-se que o FEFC – atualmente conhecido de forma popular como Fundo Eleitoral, tem previsão no artigo 16-C da Lei nº 9.504/1997, a chamada Lei das Eleições.

Importante mencionar que, além dos parâmetros para o cálculo do montante do Fundo Eleitoral, a norma também incumbiu ao Tribunal Superior Eleitoral (TSE) a missão de definir a distribuição dos valores entre os partidos políticos registrados na Justiça Eleitoral a cada pleito eleitoral. Para as eleições de 2022, a distribuição dos recursos seguiu os critérios previstos no artigo 16-D da Lei das Eleições. Todos os partidos fazem jus igualmente a 2% do total dos recursos. Outros 35% são rateados entre as legendas que contam com, pelo menos, um deputado federal, seguindo a proporção de votos que cada partido recebeu nas Eleições de 2018.

Pelo dados dispostos na tabela anteriormente apresentada, observamos que foram distribuídos o importe de R$ 4.961.519.777,00 (quatro bilhões, novecentos e sessenta e um milhões, quinhentos e dezenove mil, setecentos e setenta sete reais) aos 32 partirdos políticos registrados no TSE no último pleito eleitoral.

É importante destacar as 10 (dez) legendas que tiveram maior contemplação de recursos financeiros do Fundo Eleitoral no ultimo pleito. Em ordem decrescente, foram: UNIÃO BRASIL (R$ 757.970.221,27); Partido dos Trabalhadores - PT (R$ 499.600.297,43); Movimento Brasileiro Democrático - MDB (R$ 360.347.998,12); Partido da Social Democracia - PSD (R$ 342.597.829,47); Partido Progressita - PP (R$ 333.148.141,82) Partido da Social Democracia Brasileira - PSDB (R$ 317.291.889,91); Partido Liberal - PL (R$ 268.137.715,72); Partido Socialista Brasileiro - PSB (R$ 267.018.102,45); Partido Democrata Trabalhista - PDT (R$ 251.579.810,35); REPUBLICANOS (R$ 235.981.491,09).

Os 10 maiores partidos políticos contemplados com os recursos do Fundo Eleitoral não possuem programa de compliance. Ainda acerca dos dez maiores receptores de recursos do Fundo Eleitoral, quatro não possuem um código ética propriamente dito (Uniao Brasil, PSD, PDT e Republicanos). Conforme sobredito, apenas dois partidos (PSDB e UNIÃO BRASIL) possuem, em tramite no Congresso Nacional, Projeto de Lei voltado para a obrigatoriedade da implantação do compliance nos partidos políticos.

Quanto à prestação de contas dos recursos recebidos pelos partidos políticos nas eleições de 2022, feita pelos diretórios nacionais das agremiações partidárias, o próprio TSE publicou orientações relativas às prestações de contas de candidatos e de partidos políticos para as Eleições 2022, além de ter disponibilizado a consulta pública aos documentos comprobatórios das prestações de contas. A nomeada prestação de contas é composta por informações referentes às receitas e despesas e por documentos que, de fato, comprovam as transações realizadas durante o pleito eleitoral, conforme amplamente divulgado pelo TSE em seu sítio oficial. As informações de receitas e despesas estão publicadas no endereço eletrônico: divulgacandcontas.tse.

jus.br e podem ser consultadas a qualquer tempo e por qualquer pessoa que tenha interesse em saber como os partidos aplicaram os recursos financeiros recebidos pelo Fundo Especial de Financiamento de Campanha (FEFC).

Quanto à documentação, esta se constitui por meio de diversos documentos digitalizados, os quais devem estar em formato PDF, com a finalidade de dar suporte às transações de recebimento de doações e de aplicação de recursos. Tais documentos são inseridos e devem ser apresentados em uma mídia eletrônica. Na pesquisa realizada, notamos que todas as agremiações partidárias apresentaram tempestivamente as suas prestações de contas junto ao Tribunal Superior Eleitoral.

A Resolução 23.665/21, que regula a prestação de contas nas Eleições Gerais de 2022 estabelece que "As prestações de contas finais referentes ao primeiro turno de todos os candidatos e de partidos políticos em todas as esferas devem ser prestadas até o trigésimo dia posterior as eleições. Havendo segundo turno, as contas referentes aos dois turnos deverão ser prestadas até o vigésimo dia posterior a sua ocorrência".

Merece atenção, nos dados coletados referentes às prestações de contas, as 6 (seis) legendas que tiveram maior aporte de valores realizados por pessoa física e por candidatos:

Figura 07 – Tabela de Aporte de valores por pessoa física e candidato

Partido Politíco Diretório Nacional	Doação recebida de pessoa física	Doação recebida de Candidatos
AVANTE	R$ 439.000,00	R$ 15,81
CIDADANIA	R$ 36.140,00	R$ 0,00
MDB	R$ 5.525.900,00	R$ 0,00
NOVO	R$ 125.000,00	R$ 0,00
PCB	R$ 2.722,00	R$ 0,00
PDT	R$ 1.200.000,00	R$ 0,00
PL	R$ 0,00	R$ 5.623.774,03
PODEMOS	R$ 0,00	R$ 400.000,00
PP	R$ 7.380.200,00	R$ 0,00
PROS	R$ 0,00	R$ 35,09
PSB	R$ 700.000,00	R$ 700.000,00
PSD	R$ 6.390.000,00	R$ 0,00
PSDB	R$ 1.605.000,00	R$ 0,00
PSTU	R$ 0,00	R$ 5.561,00
PT	R$ 1.360.000,00	R$ 51.718,32
REDE	R$ 40.000,00	R$ 0,00
REPUBLICANOS	R$ 9.020.100,03	R$ 0,00
SOLIDARIEDADE	R$ 50.000,00	R$ 0,00
UNIÃO BRASIL	R$ 0,00	R$ 2.405.102,49

Nota: Informações obtidas no site do TSE através através do link: https://divulgacandcontas.tse.jus.br/divulga/#/consulta/prestacoes-esperadas/2040602022

Figura 8: Gráfico de Doação recebida de pessoa física e por doaçao de candidatos

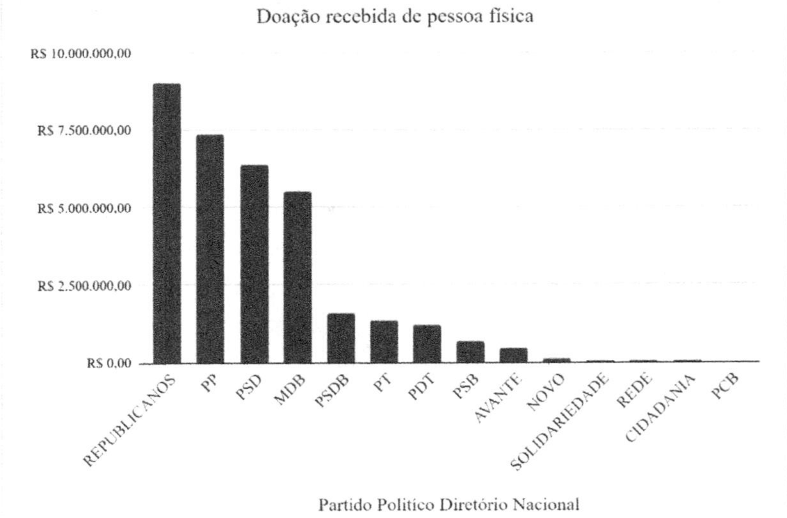

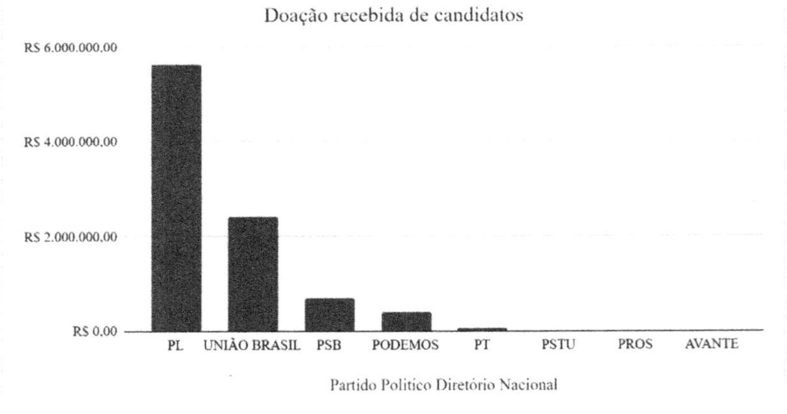

Nota: Informações obtidas no site do TSE através através do link: https://divulgacandcontas.tse.jus.br/divulga/#/consulta/prestacoes-esperadas/2040602022

Conforme já demonstrado, tais legendas (MDB, PP, PSD, REPUBLICANOS, PL e UNIÃO BRASIL), além de não terem implementado um programa de compliance, apenas o UNIÃO BRASIL, possui no congressso nacional Projeto de Lei acerca da obrigatoriedade de implantaçao de um programa de integridade nas agremiações partidárias.

FUNCIONALIDADE DAS LEGISLAÇÕES POTENCIALMENTE APLICÁVEIS AOS PARTIDOS POLÍTICOS COMO MECANISMOS DE TRANSPARÊNCIA E COMBATE A CORRUPÇÃO.

Em um processo de redemocratização, após mais de duas décadas de ditadura militar, construída em uma perspectiva de busca pela efetivação do amplo exercício de garantias e direitos fundamentais, a Constituição Federal foi promulgada em 05 de outubro de 1988, a qual, ao adotar o sistema representativo, outorgou aos partidos políticos uma exponencial importância. Tais agremiações partidárias se constituem como um dos pilares da democracia brasileira, visando à efetivação e ao fortalecimento do Estado Democrático de Direito, recebendo a destinação de vultosos recursos públicos, sobretudo por meio do conhecido fundo partidário.

Nas últimas décadas, diversos fatores contribuíram para um cenário de desconfiança por parte sociedade em relação aos partidos políticos, dentre eles, a descoberta de variados casos de corrupção envolvendo diversos políticos e dirigentes partidários, como alhures comentado. Além disso, a falta de coesão percebida entre as organizações político-partidárias, as quais, em muitos casos, foram nitidamente contrárias aos reais interesses da população.

O enfraquecimento dos partidos tem atingindo seriamente a sua credibilidade, figurando como grave problema para a preservação e o fortalecimento da democracia brasileira. Ao mesmo tempo, aponta para um espantoso descrédito da instituição que possui a clara missão constitucional de garantir e efetivar o sistema representativo. Como forma de buscar mecanismos colaborativos para atenuar os resultados desse cenário em relação ao Brasil, tem-se intensificado a discussão sobre a aplicabilidade ou não, no que tange às agremiações partidárias, dos programas e/ou políticas de compliance e as legislações derivativas de tal programa.

Dessa forma, busca-se demonstrar a aplicação dos dispositivos e normativos utilizados em programas de integridade em instituições, sejam públicas ou privadas, e que podem ser adequados aos partidos políticos, a exemplo da Lei nº 13.460, de 26 de Junho de 2017, a qual dispõe sobre participação, proteção e defesa dos direitos dos usuário dos serviços públicos da administração pública, denominada como Novo Código de Defesa dos Usuários de Serviços Públicos (CDUSP).

A Lei nº 13.460/2017, tem por finalidade estabelecer normas básicas para participação, proteção e defesa dos direitos do usuário dos serviços públicos prestados direta ou indiretamente pela administração pública. Esta norma infraconstitucional, ainda que indiretamente, possui uma conexão com os partidos políticos, uma vez que tais agremiações partidárias exercem um serviço público, regido pelos Princípios da Transparência, Publicidade e Impessoalidade, perfazendo uma analogia ao Código de Defesa do Consumidor.

Ao analisar os dispositivos da Lei 13.460/2017, os quais devem ser aplicáveis aos Partidos Políticos, necessário destacar o artigo 2º desta lei, o qual traz a seguinte previsão: "Art. 2º. Para os fins desta Lei, consideram-se: I - usuário -

pessoa física ou jurídica que se beneficia ou utiliza, efetiva ou potencialmente, de serviço público". O inciso I define o termo usuário, classificando-o como uma pessoa física ou jurídica beneficiária, de forma efetiva ou possível de um serviço público. Neste sentido, pode-se fazer analogia quanto à realidade dos partidos políticos, os quais também teriam pessoas que se beneficiam ou utilizam de forma efetiva ou potencialmente dos Partidos Políticos como serviço público, particularmente os eleitores.

No intuito de se esclarecer melhor o papel do "usuário", é importante apontar uma necessária classificação e conceito entre usuário e consumidor, aduzindo o seguinte:

> Como já sublinhado, é antiga a discussão sobre a real posição jurídica do cidadão que se utiliza dos serviços públicos. Seriam usuários ou consumidores dos serviços? Já notamos que, a nosso sentir, se verificada a adequação à tipicidade da lei, a prestação de serviço público poderá também ser regida pela consumerista. Contudo, certo é que as figuras (usuário e consumidor) apesar de estarem bem próximas, gozam de conceitos juridicamente distintos, pois possuem origem em matizes constitucionais diversas. Em que pese as diferentes correntes doutrinárias, é cediço que consumidor é o destinatário final em uma relação de consumo, caracterizada por onerosidade e vulnerabilidade, como previsto no CDC. O conceito de usuário, ao contrário, jamais se mostrou firme, diante da ausência de precisa definição legal. (Bittencourt, 2018, p.11)

No caso em tela, como bem asseverado por Bittencourt (2018), a ideia de usuário dos serviços públicos também pode ser vista à luz do Código do Consumidor em estreita relação com a ideia de serviço público definida pela Lei 13.460/2017. Tais conceitos podem ser perfeitamente factíveis quando trabalhados na realidade voltada para os partidos políticos. Em que pese o fato de serem regulados e reconhecidos como pessoas jurídicas de direito privado, estes também prestam serviço de natureza pública, haja vista que recebem recursos públicos para viabilizar não só os pleitos eleitorais, mas também suas atividades administrativas.

Para melhor esclarecer conceitos, tais como, cidadão, consumidor e usuário, se faz necessário trazer, ainda que de forma sucinta, uma discussão que teve seu nascedouro sobre os fundamentos teóricos da administração pública, destacando-se, dessa forma, a percepção do movimento do New Public Management, o qual defende que o cidadão é consumidor. Também se faz necessário um destaque sobre o novo serviço público, que defende a ideia que o cidadão coexiste no ambito das políticas públicas dentro de um contexto democrático.

Segundo Ferreira e Lourenço (2015), a clara e inequívoca lentidão da burocracia aliada à sua falta de sensibilidade para atender às novas e diversificadas demandas da sociedade, além de sua pouca cordialidade no atendimento ao público, bem como o alto custo da administração estatal, constituíram-se em razões suficientes capazes de impulsionar a reforma do Estado. Neste contexto, em atenção às novas demandas dos cidadãos, surgiu um novo modelo de Administração Pública visando a substituição do tão propagado modelo de gestão tradicional, notadamente marcado pela burocracia. Com relação ao mencionado movimento da New Public Management ou Administração Pública Gerencial, destaca-se que:

> É possível afirmar que os princípios da reforma empreendida no Brasil são baseados e inspirados no movimento da New Public Management ou Administração Pública Gerencial, cujo enfoque central estava direcionado à adaptação e à transferência dos conhecimentos gerenciais desenvolvidos no setor privado para o público. Portanto, o gerencialismo na administração pública surgiu como uma tentativa do Estado de deixar que o mercado tivesse um papel maior dentro da máquina do governo e com a convergência entre os setores público e privado e sua consequente adoção, por parte do serviço público, de

práticas, técnicas e processos de certos setores privados. (Ferreira & Lourenço, 2015, p.2)

Pode-se afirmar que a melhoria do atendimento das demandas sociais, por meio da criação de instituições menos burocratizadas e ainda marcadas pela descentralização, resulta em mais proximidade da gestão pública em relação aos cidadãos. A busca e a possibilidade de se instalar no setor público processos gerenciais e mecanismos usados no âmbito do setor privado teve como fundamento a premissa de se adotar uma gestão pública marcada pela eficiência, eficácia e também pela efetividade. Com essa perspectiva, obteria-se a melhoria do desempenho e da qualidade no que tange à prestação dos serviços públicos, gerando desse modo a proximidade do Estado em relação aos cidadãos.

Segundo Ferreira e Lourenço (2015), no cerne do contexto de reforma do Estado e do gerencialismo, com a clara finalidade de gerar aproximação do Estado com o cidadão, surgiram diversos termos para se referir ao cidadão, tais como: usuário-cidadão; cidadão-usuário; cliente-cidadão; cidadão-consumidor; cidadão-cliente; cidadão-proprietário; cidadão virtuoso e cidadão-parceiro.

Ainda segundo Ferreira e Lourenço (2015), o surgimento do conceito "cliente/consumidor" na administração pública, deu-se em 1992, na Inglaterra, quando foi lançada a "Carta ao Cidadão" (Citizen's Charter), na qual o governo assume a posição de defensor dos direitos do cidadão diante de serviços públicos monopolistas, definindo padrões mínimos de desempenho a ser adotado pela administração pública. Tal documento serviu como inspiração para criar iniciativas em muitos países como os Estados Unidos, Canadá, França, Bélgica, Austrália e Itália.

Reforçando a perspectiva de Ferreira e Lourenço (2015, p.13), na discussão sobre cidadania e especialmente na abordagem do Novo Serviço Público, "o papel do cidadão enquanto sujeito ativo e participante é bastante enfatizado". No entanto, há que se considerar que "os modelos adequados de participação política devem levar em consideração os déficits institucionais e democráticos existentes e devem se perguntar se o tecido institucional possibilita ou limita a representação" (Ferreira & Lourenço, 2015, p.15).

O modelo de Administração Pública Gerencial contribuiu de forma decisiva para o aperfeiçoamento dos serviços públicos disponibilizados pelo Estado. Todavia, para que o processo de regulação e fiscalização possam funcionar a contento se faz necessário que o Estado, a partir de uma sociedade civil forte, esteja organizada e ativa. Este novo serviço público centra o cidadão no ambiente das políticas públicas de forma democrática.

Em relação ao "Novo Serviço Público (NSP)", este surgiu como uma estrutura teórica que se utilizou da inspiração advinda das teorias de democracia participativa e do humanismo, inseridos no âmbito da administração pública. Apresentou como tema central de suas propostas a participação do cidadão, disponibilizando uma outra perspectiva para as relações sociais entre cidadãos e seus governos. De acordo com Santos (2019), o Novo Serviço Público se constitui em uma estrutura teórica de Administração Pública proposta por Denhardt e Denhardt (2007), com a proposta de se reavaliar as relações entre os cidadãos e seus respectivos governos, destacando a gestão democrática e a participação dos cidadãos na gestão da coisa pública.

Ademais, "no NSP, a administração é responsável por desempenhar a função de criar espaços e oportunidades nos quais os cidadãos possam, através do diálogo e do debate de ideias, articular valores compartilhados e desenvolver um senso coletivo de interesse público" (Santos, 2019, p.8). Nesse modelo, é relevante destacar que a sociedade civil se apresenta como um agente ativo no que tange ao processo de cogestão do serviço público, deixando de ser vista como uma mera receptora de benefícios, tornando-se agente de mudança. Portanto, "o engajamento do cidadão na participação das decisões, de forma ativa e atuante, é fator preponderante do modelo do Novo Serviço Público" (Dias, 2016, p.36).

Menciona-se, ainda, as premissas básicas do Novo Serviço Público, quais sejam:

> O NSP é baseado em sete premissas básicas: servir aos cidadãos, não a consumidores; buscar o interesse público; valorizar a cidadania sobre o empreendedorismo; pensar estrategicamente, agir democraticamente; reconhecer que accountability não é simples; servir ao invés de controlar e valorizar pessoas, não apenas produtividade. O NSP defende que serviços públicos são coproduzidos pela rede composta pelo Estado, por organizações não governamentais da sociedade, pelas comunidades e pelos cidadãos, seguindo a normativa de suas sete premissas constituintes. (Santos, 2019, p.08-09)

Pode-se afirmar que o NSP é uma espécie de princípio que busca desenvolver a primazia da democracia e da cidadania, além dos serviços voltados para o interesse público, colocando-se como alternativa capaz de se sobrepor às administrações burocrática e gerencialistas.

Em observância ao que dispõe o artigo 6º do CDC, em seu inciso X, podemos também insertar no aspecto da administração pública, neste particular os partidos políticos, o que preconiza acerca dos direitos básicos do consumidor, dentre outros, "a adequada e eficaz prestação dos serviços públicos em geral" (Lei nº 8.078/1990). Embora não se possa esquecer a natureza jurídica de um partido político, "o partido político é uma associação civil, uma instituição de direito privado, regido pelo Código Civil. Assim, sua forma de funcionamento se dá de acordo com o seu Estatuto e regras internas" (Freitas, 2024, p.01). A prestaçao de serviços de natureza pública é inafastável.

Por sua vez, apesar de muitos acharem que os partidos são instituições públicas e da enorme importância que têm, estes são considerados instituições de direito privado sujeitos a regras que estão intimamente ligadas a coisa pública. É válido lembrar que o Brasil é regido pelas chamadas regras do multipartidarismo. Na prática, significa que "admitimos muitos partidos e uma certa liberdade para criação de novas legendas. O Brasil já foi bipartidarista como os Estados Unidos: os partidos ARENA e o MDB eram os únicos na época da ditadura". (Freitas, 2024, p.02). Isso dificulta o controle e a aplicabilidade de algumas regras que norteiam a administração pública.

Segundo Batistella (2021), após o golpe militar de 1964, foi implantada, no Brasil, uma ditadura militar que buscou legitimar-se por meio de uma fachada jurídica, alicerçada a partir de uma série de Atos Institucionais e de Atos Complementares, além de praticamente outorgar a Constituição de 1967, criando um sistema político híbrido. Apesar de não se ter extinguido os poderes Legislativo e Judiciário, seus poderes e autonomia fora, restringidos de forma drástica. Ressalta-se que o bipartidarismo, no Brasil, foi criado nos seguintes termos:

> No que tange ao sistema político-partidário no Brasil, a ditadura militar inicialmente não fechou os partidos políticos em vigência no país desde 1945, embora tenha expurgado seus elementos considerados "subversivos e corruptos". Porém, em outubro de 1965, com o Ato Institucional nº 2 (AI-2), a ditadura extinguiu os partidos políticos existentes e o próprio sistema pluripartidário. Como a ditadura pretendia implantar um simulacro de democracia, não cairia bem proibir a existência de partidos políticos e nem adotar o modelo de partido único (associado às ditaduras monopartidárias). Desse modo, a alternativa adotada foi a criação de um novo sistema partidário bipartidário, que durou até o final de 1979. (Batistella, 2021, p.259)

Em tal contexto, o bipartidarismo foi um sistema artificial resultante do autoritarismo da ditadura militar, "no qual a ARENA, com servilismo, referendava as decisões dos generais presidentes, enquanto o MDB deveria desempenhar uma inócua oposição" (Batistella, 2021, p.259). Nesse teatro, segundo Batistella (2021, p.259), quem não cumprisse o papel que lhe foi "originalmente destinado a desempenhar era enquadrado pela ditadura, que se utilizou dos Atos Institucionais para cassar parlamentares da ARENA e, sobretudo, do MDB". Naqueles momentos em que o Congresso ultrapassou determinados limites impostos pela ditadura, acabou sendo fechado temporariamente. Isso ocorreu em três ocasiões.

Volvendo ainda o que dispõe a Lei 13.460/2017, em seu artigo 2º, inciso II, temos a definição de serviço público como "atividade administrativa ou de prestação direta ou indireta de bens ou serviços à população, exercida por órgão ou entidade da administração pública" (Lei 13.460/2017). Ainda que persista tal conceituação, de acordo com Bittencourt (2018, p.04) "a doutrina juridíca tem enorme dificuldade na definição do que seria o serviço público. Isso se dá, não por mera questão de oposição doutrinária, mas, sim, em função da expressão realmente possibilitar mais de um sentido".

Ainda segundo Bittencourt (2018, p. 04), serviços públicos "seriam as prestações oferecidas pela Administração Pública, sob regime jurídico de direito público que representem utilidades efetivas à população". Ressalta-se, que por se tratar de "prestações impostas pela ordem jurídica ao Estado, elas deveram ser permanentemente asseguradas aos usuários, o que constitui o princípio da continuidade" (Bittencourt, 2018, p.05).

Uma vez que os usuários são os titulares de direitos, faz-se necessário que exista no direito pátrio um regime jurídico que proteja tais direitos. Neste sentido, a Lei 13.460/2017 guarda uma semelhança com as previsões da Lei nº 8.078, de 11 de setembro de 1990, denominada de Código de Defesa do Consumidor (CDC), haja vista que tal lei "dispõe sobre a proteção do consumidor", assegurando em seu artigo 1º as "normas de proteção e defesa do consumidor, de ordem pública e interesse social, nos termos dos artigos 5°, inciso XXXII, 170, inciso V, da Constituição Federal e art. 48 de suas Disposições Transitórias" (Lei nº 8.078/1990). O CDC prevê claramente que:

> Art.14 O fornecedor de serviços responde, independentemente da existência de culpa, pela reparação dos danos causados aos consumidores por defeitos relativos à prestação dos serviços, bem

> como por informações insuficientes ou inadequadas sobre sua fruição e riscos. (Lei nº 8.078/1990)

O CDC buscou assegurar uma série de direitos aos consumidores na condição de destinatários finais de produtos ou serviços, sobretudo por se tratar da parte mais hipossuficiente na relação de consumo. Quanto aos serviços públicos, quando se trata de CDC, é relevante destacar que:

> A discussão sobre o uso do CDC nas situações que envolvam a prestação de serviço vem de longa data. A nosso ver, em termos legais, essa aplicabilidade sempre se mostrou factível, nos casos em que seja verificada uma perfeita identificação da existência de uma relação de consumo consoante o configurado nos arts.2º e 3º do Código do Consumidor. (Bittencourt, 2018, p.05)

Nota-se que não há incompatibilidade e/ou objeção legal para que, em relação aos serviços prestados, sejam por órgãos públicos, concessionários de tais serviços ou, até mesmo, por um partido político, possam ser enquadrados às disposições previstas na Lei 13.460/2017. Isso também vale para a Lei nº 8.078/1990 no que tange aos ditames da preservação dos direitos assegurados aos consumidores e aos cidadãos de um modo geral, a fim de que tais pretensões da sociedade não fique tão somente à mercê e ao arbítrio dos órgãos estatais ou de suas respectivas concessionárias prestadoras de serviços públicos.

No contexto dos partidos políticos, é de relevante discussão apontar para o fato de que eles podem ser vistos como "prestadores de serviços". Um exemplo disso é que, apesar da imunidade sobre as suas receitas, o partido político, ao tomar serviços de outras pessoas jurídicas, encontra-se obrigado à retenção das contribuições sociais, como determina a Lei 10.833/2003. É importante mencionar que a Lei nº 10.833/2003 alterou a Legislação Tributária Federal em seu artigo 1º e definiu que "a Contribuição para o Financiamento da Seguridade Social - Cofins, com a incidência não cumulativa, incide sobre o total das receitas auferidas no mês pela pessoa jurídica, independentemente de sua denominação ou classificação contábil". A legislação infraconstitucional é muito explícita ao afirmar que pagamentos efetuados por pessoas jurídicas para outras de direito privado estão sujeitos a retenção na fonte da Contribuição Social sobre o Lucro Líquido - CSLL, da COFINS e da contribuição para o PIS/PASEP, nos seguintes termos.

> Art. 30. Os pagamentos efetuados pelas pessoas jurídicas a outras pessoas jurídicas de direito privado, pela prestação de serviços de limpeza, conservação, manutenção, segurança, vigilância, transporte de valores e locação de mão-de-obra, pela prestação de serviços de assessoria creditícia, mercadológica, gestão de crédito, seleção e riscos, administração de contas a pagar e a receber, bem como pela remuneração de serviços profissionais, estão sujeitos a retenção na fonte da Contribuição Social sobre o Lucro Líquido - CSLL, da COFINS e da contribuição para o PIS/PASEP. (Lei N° 10.833/2003)

Nota-se que, em seu artigo 30, a Lei n° 10.833/2003 determina claramente que os pagamentos efetuados pelas pessoas jurídicas a outras pessoas jurídicas de direito privado pela prestação de serviços de limpeza, conservação, manutenção, segurança, vigilância, transporte de valores e locação de mão-de-obra, pela prestação de serviços de assessoria creditícia, mercadológica, gestão de crédito, seleção e riscos, administração de contas a pagar e a receber, bem como pela remuneração de serviços profissionais, estão sujeitos a retenção na fonte da Contribuição Social sobre o Lucro Líquido – CSLL, da COFINS e da contribuição para o PIS/PASEP, o que não exclui os partidos políticos.

Percebe-se que o partido político não pode ser visto como prestador de serviço apenas do ponto de vista contábil. Ele precisa ser analisado sob a perspectiva de um prestador de serviço para a sociedade, uma vez que somente por meio de uma agremiação partidária uma pessoa pode exercer um mandato eletivo, prestando serviços para a sociedade como um todo. Neste sentido, a ideia de prestação de serviço público deve ser destacada, sobretudo quando se analisa o aspecto da continuidade, porque:

> A continuidade dos serviços públicos não pode ter caráter absoluto, embora deva constituir a regra geral. Existem certas situações específicas que excepcionam o princípio, permitindo a paralisação temporária da atividade, como é o caso da necessidade de proceder a reparos técnicos ou de realizar obras para a expansão e melhoria dos serviços. Por outro lado, alguns serviços são remunerados por tarifa, pagamento, que se caracteriza como preço público, de caráter tipicamente negocial. (Carvalho Filho, 2014, p.145)

Neste diapasão, vale destacar a Emenda Constitucional n° 19/1998, a qual teve como finalidade criar leis, com a especial preocupação de regular especialmente as reclamações relativas à prestação dos serviços públicos de uma forma geral, assegurando-se, também, a manutenção de serviços de atendimento ao usuário, bem como sua avaliação periódica, inclusive interna e externa. No caso em análise, mesmo sendo uma instituição de direito privado, os partidos politcios prestam um serviço para a população, devendo, portanto, se sujeitar a uma série regras, podendo, se enquadrar também nas normas contidas na sobredita Lei 13.460/2017.

Destaca-se, também, o inciso IV do artigo 2º da Lei 13.460/2017, no qual o agente público é "quem exerce cargo, emprego ou função pública, de natureza civil ou militar, ainda que transitoriamente ou sem remuneração".

> Há várias definições para os indivíduos que atuarem na Administração Pública. Em sentido amplo, servidores públicos são todos aqueles que se encontram a serviço civil remunerado das pessoas jurídicas de direito público: União, Estados, Distrito Federal e Município, bem como das respectivas autarquias, incluídas as fundações públicas de direito público. Os militares são denominados servidores públicos

militares, integram as corporações armadas, submetidos a regimes jurídicos próprios. Os empregados públicos da administração direta e indireta são servidores contratados sob o regime trabalhista. Por fim, os agentes públicos, que abarca conceito amplo, englobando todos aqueles legalmente intitulados a exercer, em nível decisório, uma parcela ou aspecto do poder público, investidos de competências especificamente definidas na ordem jurídica positiva. A expressão agentes públicos tem sentido amplo. Significa o conjunto de pessoas que, a qualquer título, exercem uma função pública como pressuposto do Estado. Essa função pode ser remunerada ou gratuita, definitiva ou transitória, política ou jurídica. O que é certo é que, quando atuam no mundo jurídico, tais agentes estão de alguma forma vinculados ao Poder Público. (Bittencourt, 2018, p.05)

Como definição do anterioremente citado art. 2º, inciso IV, da lei em comento. Temos a lição de Matheus Carvalho:

> São aqueles que exercem função pública em virtude de relação trabalhista, em qualquer dos entes da Administração Pública direta ou indireta, seja este regime estatutário, mediante a nomeação de servidores que se submetem as regras definidas em estatuto próprio, seja em regime de emprego, da mesma forma todos os particulares contratados sob regime de cargo temporário. (Carvalho, 2015, p.73)

Ainda segundo Carvalho (2015), pode-se definir como agente público aqueles que, mesmo não possuindo qualquer vínculo de natureza administrativa ou política com o ente estatal, atuam no exercício de funções públicas, a exemplo do mesário no dia eleição ou, até mesmo, do jurado, no dia em que presta o serviço de atuação no tribunal do júri. Pela definição de serviço público, uma vez que se trata de atividade de prestação de serviços direto ou indireto à população, pode-se afirmar que os partidos políticos se adequam a esta condição, uma vez que o agente político é investido de uma função pública. Nesse sentido, pode se afirmar que:

> Tamanha é a importância dos partidos no debate político e nas discussões sobre os rumos do país, que a Constituição de 1988 lhes dotou e autonomia administrativa e financeira, conferindo-lhes recursos do Fundo Partidário e acesso gratuito ao rádio e à televisão nos termos da lei, exigindo-se, em contrapartida, a obrigação de prestar contas das receitas arrecadadas e despesas realizadas ordinariamente durante o ano e durante as campanhas eleitorais. (Branco, 2025, p.01)

Logo, percebe-se que, aos partidos políticos, foi atribuída uma certa importância pela Constituição Federal de 1988, além de que trouxe a previsão de que exercem um múnus público, sobretudo, porque recebem recursos públicos abundantes para suas atividades, sendo-lhes, exigida, inclusive, a devida prestação de contas.

Ademais, a Lei 13.460/2017 ainda prevê, em seu art. 2º inciso V o seguinte:

> V – manifestações - reclamações, denúncias, sugestões, elogios e demais pronunciamentos de usuários que tenham como objeto a prestação de serviços públicos e a conduta de agentes públicos na prestação e fiscalização de tais serviços. (Lei 13.460/2017)

Afirma ainda a lei que, aos usuários, é assegurado o direito de apresentar manifestações, reclamações, denúncias e outros mecanismos que busquem assegurar a devida prestação de serviços públicos de qualidade. Ressalta-se que, segundo Bittencourt (2018, p.10), como forma de "garantir os direitos dos usuários dos serviços públicos, o Art.11. do Código de Defesa dos Usuários de Serviços Públicos (CDUSP), permite a apresentação de manifestações diversas perante a Administração pública, englobando reclamações, denuncias, sugestões, elogios ou qualquer outro pronunciamento", com direta relação à prestação de serviços públicos e da conduta dos agentes públicos quando estiverem em direta ligação aos respectivos serviços públicos.

Frisa-se, ainda, que o já mencionado art. 2ª do CDUSP, no já aludido inciso V, ao assegurar o direito do cidadão aos reclames, pode perfeitamente o eleitor fazer o mesmo perante a agremiação partidária, reclamar, denunciar e sugerir acerca da conduta dos agentes políticos, podendo ser desta forma enquadrado o próprio agente político, além dos partidos políticos e dirigentes partidários estarem submetidos a tal procedimento legal insculpido no CDUSP.

Ainda com relação ao CDUSP, temos o artigo 6º nos seguintes termos: "Art. 6º São direitos básicos do usuário: I - participação no acompanhamento da prestação e na avaliação dos serviços; II - obtenção e utilização dos serviços com liberdade de escolha entre os meios oferecidos e sem discriminação" (Lei nº 13.460/2017). Segundo Bittencourt (2018, p.32):

> No Código de Defesa do Consumidor, "a liberdade de escolha é um direito básico mais fácil, de ser compreendido, em função da diversidade de ofertas existentes no mercado. Trata-se de direito que aflora em face da possibilidade de acesso a vários fornecedores de produtos ou serviços. No caso dos serviços públicos, este pressuposto resta bastante prejudicado, haja vista que, não raro, há penas um prestador. Ainda assim, válida a intenção do legislador no sentido de preceituar como direito básico a obtenção e a utilização dos serviços com liberdade de escolha entre os meios oferecidos, quando tal ocorrer.

Certamente que os direitos assegurados pelo CDUSP aos usuários é fruto de uma longa caminhada, visando criar mecanismos capazes de garantir a efetiva participação do cidadão no acompanhamento da prestação e da avaliação dos serviços, ao mesmo tempo que a própria lei assegura meios para esse acompanhamento, como, por exemplo, por meio das ouvidorias, conforme previsão clara do artigo 13. Segundo o inciso I do supracitado capítulo: "promover a participação do usuário na administração pública, em cooperação com outras entidades de defesa do usuário" (Lei nº 13.460/2017). Ademais, sem prejuízo dos demais direitos, também ficou assegurado aos usuários a obtenção e a utilização dos serviços com liberdade de escolha entre os meios oferecidos e sem discriminação, o que constitui algo de extrema importância, posto que a liberdade de escolha é assegurada de forma objetiva com o intuito de que o usuário não será tolido ou constrangido sob nenhuma hipótese.

Vale a pena tratar da previsão do artigo 22 do CDC que, de forma análoga, diz o seguinte: "Art. 22. Os órgãos públicos, por si ou suas empresas, concessionárias, permissionárias ou sob qualquer outra forma de empreendimento, são obrigados a fornecer serviços adequados, eficientes, seguros e, quanto aos essenciais, contínuos" (Lei nº 8.078/1990).

Claro que há distinção entre os conceitos de consumidor e usuário, conforme já explanado aqui, todavia, é de relevância singular a aplicabilidade das normas previstas no CDUSP à realidade dos partidos políticos, uma vez que, apesar de se falar de pessoas jurídicas de direito privado, estes estão ligados, ainda que indiretamente, à coisa pública. Os partidos, sem olvidar o já comentado recebimento de valores do fundo partidário, devem prestar contas, em primeiro plano, ao Estado, toda vez que recebem repasses financeiros; em segundo plano, aos eleitores e seus filiados.

É inegável que o acesso às informações sobre produtos e serviços é algo incontestável nos dias atuais, em que se deve resguardar todos os direitos do usuário e, por analogia, ao consumidor. Neste sentido, afirma claramente o artigo 11 do CDUSP: "Art. 11. Em nenhuma hipótese, será recusado o recebimento de manifestações formuladas nos termos desta Lei, sob pena de responsabilidade do agente público".

Parafraseando o entendimento de Bittencourt (2018), uma das finalidades precípua do Estado é a satisfação das necessidades do povo e, para a sua concretização, foram criadas estruturas administrativas físicas. Neste sentido, em não atendendo a clara disposição do artigo 11 do CDUSP, deve o agente público responder administrativamente pelo ilícito administrativo praticado, sendo tal infração apurada pela própria administração. Ademais, "a responsabilidade administrativa expressa as consequências acarretadas ao servidor pelo descumprimento dos deveres e inobservância das proibições, de caráter funcional estabelecidas nos estatutos ou em outras leis" (Medauar, 2021, p.85).

Com relação aos partidos políticos, tal como se percebe nas disposições do CDUSP, diante dos direitos dos usuários, de igual forma, é obrigação das agremiações partidárias a disponibilidade do acesso às informações do partido político pelos eleitores, prestação de contas, direcionamento dos recursos. Toda a transparência dos atos e procedimentos financeiros/administrativos internos devem ser disponibilizados para os eleitores, haja vista a disponibilização e o manuseio dos recursos públicos.

Trabalhando com a ideia de que, aos partidos políticos, dada sua natureza jurídica, ainda que de direito privado, torna-se possível a subsunção a diversas legislações infraconstitucionais, temos a Lei 12.846/2013, denominada de Lei Anticorrupção, uma vez que se trata de agremiações partidárias que são dotadas com receitas financeiras oriundas do Poder Público. Pode-se afirmar que a corrupção é tida como uma prática ilegal ou antiética consistente em oferecer, dar, receber ou solicitar algo de valor para influenciar a ação de um funcionário público ou entidade privada. Na prática, trata-se de um antigo e complexo fenômeno que, por fim, tende a enfraquecer as instituições democráticas, além de contribuir para a redução da eficiência dos governos e gerar instabilidade econômica. A corrupção pode ser, também, entendida como atos que afrontam a moral e a ética no seio de uma sociedade ou um Estado, no qual um agente corrupto possui o intento criminoso de obter vantagens ilícitas, seja para si ou seja para outrem: "A Transparência Internacional (International Transparency), organização não governamental sediada em Berlim, define a corrupção como "o abuso do poder confiado para ganhos privados" (Xavier, 2015, p. 11).

Segundo Ribeiro (2017), com a globalização e a reciprocidade econômica entre as nações, casos de corrupção internacionais são mais frequentes. Por esse motivo, a comunidade internacional ratifica tratados de combate à corrupção como forma de inibir tais práticas. Neste contexto, destaca-se que:

> Os tratados internacionais de combate a corrupção do quais o Brasil é signatário são: Convenção das Nações Unidas contra a corrupção – da UNCAC, aprovada no Brasil por meio do decreto nº 5.687, de 31 de janeiro de 2006; Convenção Interamericana de Combate a corrupção – da OEA, aprovada no Brasil por meio do decreto nº 4.410, de 07 de outubro de 2002; Convenção sobre o combate a corrupção de funcionários públicos estrangeiros em transações comerciais internacionais da organização para a cooperação e desenvolvimento econômico – da OCDE, ratificada no Brasil pelo decreto nº 3.676, de 30 de novembro de 2000. (Ribeiro, 2017, p. 03)

A questão a ser abordada é se seria plausível a extensão dos efeitos da Lei 12.846/2013 com o intuito de responsabilizar objetivamente os partidos políticos pelas práticas ilícitas de seus membros em atos atentatórios em face da administração pública e ao interesse público. Trabalha-se com a hipótese de legitimidade da aplicação dos efeitos da Lei 12.846/2013 com o intuito de incluir os partidos políticos no rol de pessoas jurídicas abrangidas pela lei, com a possibilidade de que tais agremiações poderiam sofrer as sanções previstas. Estas contemplam desde a aplicação de multa até a possibilidade de uma dissolução compulsória, a depender da gravidade quanto aos danos causados. De acordo com Ribeiro (2017, p.05), trata-se de "uma inovação na ordem jurídica nacional no que se refere a corrupção, em que se responsabiliza no âmbito administrativo e civil às pessoas jurídicas privadas por atos lesivos praticados contra a Administração pública nacional ou estrangeira".

Ao analisar o teor da Lei 12.846/2013, percebe-se que tal legislação trouxe a previsão da responsabilização objetiva, elencou a possibilidade de celebração de acordo de leniência, bem como trouxe uma grande novidade, consistente no incentivo à adoção de programas de integridade, como mecanismos de diminuição da prática de atos de corrupção por membros de pessoas jurídicas privadas, dentre outras medidas. Conforme entendimento de Ribeiro (2017, p.04):

> A lei anticorrupção é uma inovação no sistema jurídico brasileiro de combate a corrupção, porque embora existam normas que punem atos de improbidade contra a administração pública, tais como a lei de licitações e a lei de improbidade administrativa, a lei em comento pune as pessoas jurídicas, visto que as outras normas responsabilizam as pessoas físicas".

Convém evidenciar que "a lei anticorrupção amplia a responsabilização nas esferas administrativas e civil, na medida em que alcança as pessoas jurídicas" (Di Pietro, 2014, p.328). Ademais, "a regra da responsabilização objetiva exige, no caso da lei 12.846/13, que: haja nexo de causa e efeito entre a atuação da pessoa jurídica e o dano sofrido pela Administração pública" (Di Pietro, 2014, p.329).

É relevante apontar que a Lei 12.846/2013, surgiu com o intuito de adequar, pelo menos, parte do ordenamento jurídico pátrio às exigências das normas internacionais de combate à corrupção, notadamente em relação aos tratados internacionais dos quais o Brasil é signatário. Segundo Zimmer (2020, p.320) a lei "inova no direito do país ao responsabilizar objetivamente, nas instâncias administrativa e judicial, pessoas jurídicas que cometeram ilícitos nela previstos".

A Lei 12.846/2013 traz clara previsão, no sentido de que não importa quem deu causa ao fato danoso, como também não importa se tal ato foi provocado por um preposto, um representante ou qualquer empregado que não tenha relação direta ou não exerça funções de direção da pessoa jurídica, porque tal pessoa jurídica terá que arcar com a responsabilização pelos danos causados, além de ser submetida às sanções rígidas já previstas na da lei. Segundo Zimmer (2020, p.84):

> À parte dessas importantes questões de política legislativa, a configuração atual da Lei Anticorrupção privilegia dois níveis de responsabilidade: civil e administrativa. A primeira diz respeito ao dever de reparação integral dos danos causados à Administração Pública em decorrência da prática dos atos ilícitos do artigo 5º. A segunda zona de responsabilidade, a administrativa, diz respeito à aplicação de sanção decorrente do ato ilícito. (Zimmer, 2020, p.84)

A pessoa jurídica, como bem salientado, além da responsabilidade administrativa, também pode ser responsabilizada pela via judicial. Dessa forma, tem-se o seguinte posicionamento de Zimmer:

> A Lei nº 12.846/2013 estabelece a responsabilidade administrativa e civil das pessoas jurídicas pela prática de atos contra a Administração Pública, nacional e estrangeira. Ao mesmo tempo, cria-se um cenário que estimula o aperfeiçoamento de um sistema de prevenção e combate à corrupção, mediante incentivos, a partir da autorregulação – ou mais precisamente, da autorregulação regulada, o que compreende um estímulo às boas práticas de governança corporativa nas pessoas jurídicas, com custos novos para a atividade empresarial, como a adoção de programas de integridade. A Lei Anticorrupção não objetiva apenas impor perdas econômicas significativas para as pessoas jurídicas condenadas, mas igualmente procura minimizar os prejuízos causados ao Poder Público. (Zimmer, 2020, p.326)

Ainda segundo Zimmer (2020, p.326), "Ao se adotar programas de integridade se produzirá uma cultura de conformidade a partir de uma dimensão prospectiva dos resultados que a pessoa jurídica busca ter com essa mudança de posicionamento". A Lei em seu artigo 7º prevê:

> "Art. 7º Serão levados em consideração na aplicação das sanções: VIII - a existência de mecanismos e procedimentos internos de integridade, auditoria e incentivo à denúncia de irregularidades e a aplicação efetiva de códigos de ética e de conduta no âmbito da pessoa jurídica". (Lei 12.846/2013)

A legislação em comento inova quando traz a possibilidade de adoção de um programa de compliance ou programa de integridade, o que se constitui em uma medida necessária e uma saída aconselhável para os diretores, haja visto que isso teria o condão de atenuar possíveis prejuízos sofridos.

Pode-se afirmar que "o compliance ou programas de integridade é uma atenuante prevista na lei para incentivar às pessoas jurídicas de direito privado a adotarem medidas de probidade dentro das suas respectivas funções e em suas relações com a administração pública nacional ou estrangeira" (Ribeiro, 2017, p.07). Pode-se afirmar, também, que há uma plausibilidade de aplicação da lei anticorrupção aos partidos políticos. Todavia, é pertinente destacar que, no caso dos partidos, ocorreu uma omissão por parte do legislador por não citá-los no rol taxativo de pessoas jurídicas abrangidas pela Lei Anticorrupção. Porém, é possível a aplicação análoga da lei anticorrupção aos partidos políticos uma vez que não há nenhuma norma que regule tal hipótese.

Seria possível, no caso em tela, justificar tal enquadramento pelo instituto da interpretação extensiva, que não pode se confundir com analogia. Neste sentido, é preciso esclarecer o seguinte:

> Faz mister não confundir analogia com interpretação extensiva. A primeira implica o recurso a outra norma do sistema jurídico, em razão da inexistência de norma adequada à solução do caso concreto. A segunda, porém, consiste na extensão do âmbito de aplicação

> da mesma norma a situações não expressamente previstas mas compreendidas pelo seu espírito, mediante uma interpretação menos literal. (Gonçalves, 2019, p. 51)

Ainda se pode utilizar outra justificava, desta feita, baseada no pressuposto de que os partidos políticos são um tipo de associação de pessoas, assim sendo, logo estariam abrangidos pelo artigo 1º, parágrafo único da Lei 12.846/2013.

É fato a atuação dos partidos políticos de forma corriqueira em situações de corrupção, que mais do que nunca se faz necessário a adoção de meios legais visando responsabilizar tais pessoas jurídicas. Diante do exposto, em face da inquestionável ligação dos Partidos Políticos à Administração Pública, é perfeitamente possível a aplicabilidade da lei anticorrupção às agremiações partidárias.

É oportuno ressaltar que a própria lei condiciona, por ocasião da aplicação das sanções previstas, a "existência de mecanismos e procedimentos internos de integridade, auditoria e incentivo à denúncia de irregularidades e a aplicação efetiva de códigos de ética e de conduta no âmbito da pessoa jurídica", em uma referencia aos programas de compliance. Neste diapasão, tal obrigatoriedade e adoção de um programa de compliance, seus benefícios diante de uma situação de irregularidade comprovada; abuso de direito dos agentes e filiados e responsabilizações destes e da agremiação partidária, seria extremamente positivo no âmbito dessas associações.

Em um país marcado por constantes práticas de corrupção, adequar as legislações já existentes para o bom funcionamento e a integridade dos partidos políticos seria de bom alvitre, pois tais práticas de boa governança resultariam em transparência e credibilidade para as agremiações partidárias. Conforme demonstrado alhures, é possível a aplicabilidade da Lei Anticorrupção aos partidos políticos, dada a intrínseca relação das agremiações partidárias com o Poder público.

Por fim, mas não menos importante, é possível demonstrar a conexão e a aplicabilidade da Lei de Improbidade Administrativa (LIA) com a responsabilização dos Agentes Políticos, filiados e diretores dos partidos, especificamente na pessoa física que compõe o partido nas condutas que estão tipificadas na Lei 8.429/1992, alterada pela Lei nº 14.230, de 2021.

É relevante destacar que, na presente obra, aborda-se a ideia de que é possível fazer uma interrelação entre a lei dos usuários dos serviços públicos com a lei anticorrupção e a lei de improbidade administrativa, no que tange aos partidos políticos, porque, mesmo tendo uma natureza jurídica de direito privado, já se abordou que as agremiações partidárias desempenham uma atividade de caráter público, dado sobretudo o contexto do multipartidarismo existente no Brasil. Partidos políticos, por serem detentores do "direito exclusivo" de assegurar mandato para uma pessoa, uma vez que, no Brasil, ninguém pode exercer um mandato eletivo a não ser que seja por intermédio de um partido político, estes atraem para si uma série de responsabilidades.

A relação e os laços entre a Lei nº 13.460/2017, a lei anticorrupção e a lei de improbidade administrativa, se justificam e se alicerçam por várias razões. A Lei nº 13.460/2017, que dispõe sobre participação, proteção e defesa dos direitos do usuário dos serviços públicos da administração pública, pode ser aplicável aos partidos políticos. Isso se deve a sua natureza de exercer um serviço público, uma vez que são responsáveis por assegurar um mandato eletivo, além de receberem consideráveis recursos públicos para a consecução de seus fins, tanto que precisam apresentar para a justiça eleitoral a prestação de contas.

A lei anticorrupção, de igual modo, pode ter aplicabilidade prática em relação aos partidos políticos, uma vez que traz expressamente a previsão de utilização de um programa de integridade no âmbito do espaço no qual ocorreu a corrupção. Além disso, tem-se tal possiblidade, uma vez que, conforme já abordado anteriormente, tramitam no Congresso Nacional projetos de lei com o intuito de se estabelecer a obrigatoriedade do uso de compliance por parte dos partidos políticos.

No que diz respeito à lei de improbidade administrativa, esta também se une às demais legislações acima já expostas, uma vez que a previsão do artigo 9º é muito explicíta ao estabelecer que se constitui ato de improbidade administrativa importando em enriquecimento ilícito "auferir, mediante a prática de ato doloso, qualquer tipo de vantagem patrimonial indevida em razão do exercício de cargo, de mandato, de função, de emprego ou de atividade".

Neste sentido, defende-se a ideia de que há laços e relações entre as três legislações aqui supracitadas, sendo possível a aplicabilidade de todas em relação aos partidos políticos, de acordo com as especificadades de cada lei.

A referida lei dispõe sobre as sanções aplicáveis em virtude da prática de atos de improbidade administrativa, de que trata o §4º do art. 37 da Constituição Federal. Em seu artigo 1º prevê que "o sistema de responsabilização por atos de improbidade administrativa tutelará a probidade na organização do Estado e no exercício de suas funções, como forma de assegurar a integridade do patrimônio público e social, nos termos desta Lei". (Lei 8.429/1992)

Do ponto de vista etimológico, probidade remonta ao latim probus, ou seja, "aquilo que nasce do bem, e, portanto, tem boa qualidade. A utilização do vocabulário para a designação de características individuais implica uma rotineira associação a uma gama de qualidades: honestidade, integridade, retidão de caráter, ou simplesmente bons costumes" (Garcia, 2013, p.177-178). Nesse mesmo sentido, segundo Cerqueira:

> Para grande parte da doutrina, a conotação ordinária do termo probidade deve limitar o seu significado jurídico. Isso acarreta a compreensão da probidade administrativa como mero desdobramento do princípio da moralidade administrativa. Consequentemente, para os adeptos desse ponto de vista, a improbidade é a imoralidade qualificada pela ocorrência de situações específicas, previstas nos arts. 9º, 10 e 11 da Lei nº 8.429/92 (LIA) e em leis especiais, cuja configuração depende da demonstração da má-fé ou desonestidade. (Cerqueira, 2025, p.27-28)

Em que pese as alterações trazidas pela LIA, todavia, "muitas das modificações realizadas pela Lei nº14.230/2021, quer no aspecto material ou processual, terminaram por dificultar desproporcionalmente o regime de responsabilização de agentes públicos no campo da improbidade" (Cerqueira, 2025, p.33).

A principal modificação trazida com a reforma da LIA se refere ao fato da devida necessidade de comprovação do dolo, além de que se faz necessário comprovar o tamanho do dano e da lesão causados ao erário público.

Destarte, relevante destacar que, com a reforma da LIA, hoje necessária a comprovação de responsabilidade subjetiva para a tipificação dos atos de improbidade administrativa, exigindo-se - nos artigos 9º, 10 e 11 da LIA - a presença do elemento subjetivo, ou seja, a efetiva configuração do dolo. Dessa forma, a nova disciplina legal passou a exigir a presença de dolo específico para a configuração do ato de improbidade administrativa da Lei 8.429/92.

Importante destacar que, de acordo com a LIA, os atos de improbidade são classificados em função da prática de condutas que importem: enriquecimento ilícito comforme o artigo 9º; prejuízo ao erário em conformidade com artigo 10, e/ou lesão aos princípios da administração pública, conforme previsão do artigo artigo 11 da LIA.

Quanto aos atos de improbidade administrativa que venham a gerar enriquecimento ilícito, o legislador procurou disciplinar diversas situações nas quais há o enriquecimento ilícito como nota principal, ou seja, uma vantagem patrimonial indevida em favor do agente público ou mesmo terceiros. Neste ponto, relevante frisar que a norma jurídica proíbe a vantagem indevida em decorrência do exercício de cargo, de mandato, de função, de emprego ou de atividade. Todavia, não exige que ela seja pessoal em favor do agente público de forma direta.

Em relação aos atos lesivos ao patrimônio público, o próprio Superior Tribunal de Justiça já se manifestou: "Para a condenação por ato de improbidade administrativa previsto no art. 10 da LIA é indispensável a demonstração de que ocorreu efetivo dano ao erário" (STJ, 1ª Turma, MC 24.630/RJ, Rel. Min. Napoleão Nunes Maia Filho, 20/10/2015).

Evidencia-se o que dispõe o §10-D, do art. 17, da LIA: § 10-D. Para cada ato de improbidade administrativa, deverá necessariamente ser indicado apenas um tipo dentre aqueles previstos nos arts. 9º, 10 e 11 desta Lei. Nesse sentido, pode se afirmar que não é possível que, por uma única conduta, o agente responda por mais de uma infração. Desta forma, o ato de improbidade que enseja enriquecimento ilícito do agente pode, ao mesmo tempo, causar danos patrimoniais ao erário e violar princípios da Administração Pública. Quando ocorrer tal situação, a infração mais grave irá absorver as mais leves, e a capitulação deverá se pautar na infração prevista no artigo 9º da lei.

Mesmo diante de muitas críticas, o fato é que, com a nova redação dada pela Lei nº 14.230, de 2021, conceitua-se improbidade nos seguintes termos:

> Art. 9º Constitui ato de improbidade administrativa importando em enriquecimento ilícito auferir, mediante a prática de ato doloso, qualquer tipo de vantagem patrimonial indevida em razão do exercício de cargo, de mandato, de função, de emprego ou de atividade nas entidades referidas no art. 1º desta Lei, e notadamente: [...]
>
> Art. 10. Constitui ato de improbidade administrativa que causa lesão ao erário qualquer ação ou omissão dolosa, que enseje, efetiva e comprovadamente, perda patrimonial, desvio, apropriação, malbaratamento ou dilapidação dos bens ou haveres das entidades referidas no art. 1º desta Lei, e notadamente: [...]
>
> Art. 11. Constitui ato de improbidade administrativa que atenta contra os princípios da administração pública a ação ou omissão dolosa que viole os deveres de honestidade, de imparcialidade e de legalidade, caracterizada por uma das seguintes condutas: [...]

Vale frisar que, desde a sua promulgação em 1992, ainda em sua redação original, a Lei n° 8.429/92 estruturou a tipificação dos atos de improbidade administrativa no capítulo II, distribuída em três seções diversas, nas quais aglutinou os tipos de improbidade em atos que importam em enriquecimento ilícito; atos que causam prejuízo ao erário; e atos que atentam contra os princípios da Administração Pública.

Segundo Gualtieri e Paulino (2025, p.135), "o rol de condutas abarcadas pelos incisos 9º, 10 e 11 é meramente exemplificativo , elencando as circunstâncias fáticas que mais comumente redundam na prática do respectivo tipo de improbidade". Todavia, é relevante destacar que a reforma promovida pela lei 14.230, de 2021 merece especial atenção em relação à taxatividade dos atos de improbidade administrativa, pois, em que pese o caput dos arts 9º e 10 terem indicado um rol de atos ímprobos, o §1º do artigo 1º definiu que "consideram-se atos de improbidade administrativa as condutas dolosas tipificadas nos arts. 9º, 10 e 11 desta lei, ressalvados tipos previstos em leis especiais."

Pode se afirmar que, ressalvados os atos de improbidade indicados em leis especiais, aqueles indicados nos artigos 9º, 10 e 11 da LIA são taxativos, devendo o intérprete analisar o fato concreto de acordo com a norma, porém, sem ampliar demasiadamente o sentido das palavras ali já definidas e consolidadas. Ainda de acordo com a LIA, o primeiro grupo de atos de improbidade em relação ao caput do artigo 9º diz respeito àquelas condutas que resultem em enriquecimento ilícito. Neste sentido, configura-se enriquecimento sem causa quando há o aumento patrimonial do beneficiário; o empobrecimento de alguém; a ausência de causa jurídica para legitimar tal enriquecimento; e, por fim, a necessidade do nexo causal entre o enriquecimento de uma pessoa e o respectivo empobrecimento de outra. Temos os pontos relevantes suscitados por Gualtieri e Paulino, nos seguintes termos:

> A lei n° 14.230/21 inovou na redação do dispositivo para explicitar a exigência do elemento subjetivo doloso ("mediante a prática de ato doloso"). Isso, entretanto, não implica em modificação substancial na aplicação da norma, na medida em que os Tribunais brasileiros,

> inclusive o Superior Tribunal de Justiça, já tinham pacificado o entendimento de que as figuras dos arts.9º e 11 somente poderiam ser configuradas a título de dolo. Sob a ótica da LIA, portanto, são requisitos para a configuração do enriquecimento ilícito: (i) enriquecimento do servidor público em sentido amplo; (ii) recebimento de vantagem patrimonial indevida, ou seja, sem amparo nas normas regentes do vínculo com o Estado; (iii) decorrente de ato doloso; (iv) praticado no exercício da atividade que o vincule com a Administração. Diz-se que o enriquecimento sem causa é qualificado na perspectiva da improbidade administrativa exatamente porque sofre influxos não apenas do princípio da legalidade, mas também da moralidade e da probidade (art.37, caput, CR/88), os quais automaticamente classificam como indevida a vantagem que venha a ser percebida pelo agente público e que não guarde amparo no ordenamento jurídico-constitucional. (Galtierri & Paulino, 2025, p.149)

O agente público, qualquer que seja seu status diante do Estado com quem mantêm algum tipo de vínculo, quando de forma dolosa, intencional e planejada, obtém vantagens indevidas, resultando em enriquecimento sem causa, incide na tipificação do crime de improbidade administrativa, pois, "o que a lei proíbe é o enriquecimento ilícito, ou seja, aquele que ofende os princípios da moralidade e da probidade" (Carvalho Filho, 2009, p.1022).

Apesar de o ganho pessoal não ser essencial para a configuração de um ato corrupto, "a experiência prática denota que na maioria dos casos de corrupção a finalidade do agente é a obtenção de um ganho monetário ou que possa ser economicamente apreciável" (Gualtierri & Paulino, 2025, p.149). Diversos incisos do artigo 9º da LIA tratam de agentes públicos, que no exercício de suas funções acabam obtendo vantagens ilícitas, usando de mercancia para o recebimento de vantagem indevida.

A redação do inciso II afirma que se constitui em ato de improbidade administrativa "perceber vantagem econômica, direta ou indireta, para facilitar a aquisição, permuta ou locação de bem móvel ou imóvel, ou a contratação de serviços pelas entidades referidas no art. 1° por preço superior ao valor de mercado" (Lei n° 8.429/92). No caso em tela, é necessário a efetiva comprovação de que o agente público, mediante o uso de sua função, obteve proveito ou benefício indevido para si ou para outras pessoas, e é claro, sua correlação com a função do agente público, "condicionando a ocorrência do ato de improbidade à efetiva celebração da aquisição , permuta ou locação" (Prado, 2011, p.76).

O inciso III caracteriza como ato de improbidade "III - perceber vantagem econômica, direta ou indireta, para facilitar a alienação, permuta ou locação de bem público ou o fornecimento de serviço por ente estatal por preço inferior ao valor de mercado" (Lei n° 8.429/92).

Tal inciso, por sua vez, tipifica a conduta do agente público que obtém de forma ilícita a facilitação da alienação, permuta ou locação de bem público ou fornecimento de serviço por preço muito inferior ao valor de mercado. Já o inciso V define como ato de improbidade "V - receber vantagem econômica de qualquer natureza, direta ou indireta, para tolerar a exploração ou a prática de jogos de azar, de lenocínio, de narcotráfico, de contrabando, de usura ou de qualquer outra atividade ilícita, ou aceitar promessa de tal vantagem" (Lei n° 8.429/92). Neste caso, ressalta-se que as atividades ilícitas arroladas não se constituem em rol taxativo, tanto que o legislador utilizou a expressão "qualquer atividade ilícita".

O inciso VI da LIA define como ato de improbidade a prática de:

> VI - receber vantagem econômica de qualquer natureza, direta ou indireta, para fazer declaração falsa sobre qualquer dado técnico que envolva obras públicas ou qualquer outro serviço ou sobre quantidade, peso, medida, qualidade ou característica de mercadorias ou bens fornecidos a qualquer das entidades referidas no art. 1° desta Lei. (Lei n° 8.429/92)

No que tange ao inciso VI, segundo Gualtieri e Paulino (2025), este dispositivo foi aprimorado pela Lei n° 14.230/21 para ampliar o alcance da norma, posto que, na redação anterior, o objeto material do tipo era a declaração falsa elaborada pelo sujeito ativo sobre "medição ou avaliação em obras públicas ou qualquer outro serviço". Com a modificação, passa a se subsumir no tipo a conduta de realizar declaração falsa sobre qualquer dado técnico que envolva obras públicas ou qualquer outro serviço, tendo sido mantida a parte final.

Em relação ao Art. 9º , inciso IX, a LIA define como ato de improbidade "perceber vantagem econômica para intermediar a liberação ou aplicação de verba pública de qualquer natureza" (Lei n° 14.230/21). No caso em tela, o melhor exemplo se aplica ao agente público que acaba por receber bens e/ ou valores para, ao ser beneficiado, recebendo uma contrapartida, agilizar o pagamento de créditos que um particular dispõe perante a Administração Pública.

Por fim, o inciso X conceitua ato de improbidade como "receber vantagem econômica de qualquer natureza, direta ou indiretamente, para omitir ato de ofício, providência ou declaração a que esteja obrigado" (Lei n° 14.230/21). Neste caso, trata-se mais uma vez de conduta que resulta no recebimento de vantagem indevida para a prática de ato que viola o rol de obrigações que devem ser observadas pelo agente público.

Ressalta-se que o caput do artigo 9º da LIA define ato de improbidade administrativa importando em enriquecimento ilícito auferir, mediante a prática de ato doloso, qualquer tipo de vantagem patrimonial indevida em razão do exercício de cargo, de mandato, de função, de emprego ou de atividade nas entidades referidas no artigo 1º da Lei.

Diante da clara previsão do artigo 9º da LIA, percebe-se que tal dispositivo responsabiliza pela falta de probidade os agentes políticos, ressaltando, inclusive, as vantagens indevidas em "razão do exercício do cargo, de mandato ou função". Neste sentido, defende-se a ideia de que a LIA pode, também, ser aplicada aos filiados e diretores de partido político, uma vez que, pela natureza dos partidos políticos, tal norma pode ser adequada visando sua aplicabilidade no âmbito das agremiações partidárias.

Segundo Conrado (2011), todos os agentes públicos estão sujeitos as cominações das sanções previstas na Lei de Improbidade Administrativa, admitindo-se tão somente a impossibilidade de aplicação das sanções de perda do cargo e suspensão dos direitos políticos, mas tão somente a determinados agentes políticos que, pela importância dos cargos que ocupam, enquanto o ocuparem, só podem perdê-los pelo procedimento previsto constitucionalmente.

Dessa forma, pode-se concluir que a responsabilização do agente político pela prática de ato de improbidade administrativa perante o juízo de primeiro grau, na qualidade de todo e qualquer agente público que, ao não agir de forma proba, se admite, sobretudo em absoluta observância ao princípio da isonomia.

Diante do exposto, defende-se a hipótese de que: a LIA, a lei de proteção dos usuários dos serviços públicos e a lei de anticorrupção são perfeitamente passsíveis de adequação aos partidos políticos, o que deve ser feito de forma obrigatória, visando à operacionalização de um programa de compliance.

Destaca-se que a Lei nº 13.460/2017 tem por finalidade estabelecer normas básicas para participação, proteção e defesa dos direitos do usuário dos serviços públicos prestados direta ou indiretamente pela administração pública. Para além dos dispositivos de lei aqui mencionados, tais normativos, ainda que indiretamente, possuem uma conexão com os partidos políticos, uma vez que as agremiações partidárias exercem um serviço público regido pelos Princípios da Transparência, Publicidade e Impessoalidade, perfazendo uma analogia das normas aqui explanadas com o Código de Defesa do Consumidor. Quanto ao programa de compliance, no que tange aos partidos políticos, de forma muito objetiva sua aplicabilidade se daria basicamente nos moldes a seguir apresentados.

Antes de qualquer ato de implementação, faz-se necessário avaliar os riscos, além dos processos, das normas internas, bem como o grau de maturidade ética da organização. Deste modo, seria possível visualizar as vulnerabilidades em relação aos partidos políticos. Um partido político, como qualquer outra empresa, organização ou entidade, precisa adotar um código de conduta muito claro. Neste sentido, faz-se necessário elaborar diretrizes acessíveis, claras e coesas, as quais refletirão os valores do partido e que, indubitavelmente, precisarão estar alinhadas às legislações aplicáveis, sobretudo aquelas aqui citadas.

Para que o programa de compliance efetivamente funcione, o partido precisará ter um sistema de governança também implementado, visando obter clareza sobre os valores do partido e qual organograma de tomada de decisão que o partido irá adotar. Ademais, o partido deve promover treinamentos contínuos e campanhas educativas. Tais ações são indispensáveis porque um programa de compliance necessita ser incorporado à cultura do partido político em seu cotidiano.

Por fim, para que um programa de compliance se efetive no âmbito de um partido político, faz-se necessário monitorá-lo, revisá-lo e corrigi-lo diariamente. Para que seja, efetivamente, concretizado, faz-se necessário implementar canais de denúncia, auditorias internas e indicadores de desempenho. Somente assim, é possível garantir que o programa de compliance seja dinâmico e acompanhe mudanças legais, de mercado e culturais. No mais, as legislações aqui citadas podem, perfeitamente, ter suas respectivas aplicabilidades no âmbito dos partidos políticos.

Nesse sentido, é crível acreditar que a implantação, bem como a aplicabilidade de programas de compliance oriundos do ramo empresarial, enfocando principalmente a transparência e a publicidade, podem ser utilizados na condução dos partidos políticos, com a finalidade de transformar campanhas eleitorais com o teor de maior informação e esclarecimento ao público eleitor, bem como exigir a mesma transparência que obriga as entidades da Administraçao Pública, particularmente, quanto ao uso dos recursos públicos repassados pelo Fundo Partidário. O compliance, mesmo sendo um programa da cultura empresarial, tem sua aplicabilidade no âmbito dos partidos políticos.

Destaca-se que a utilização de programas de compliance em partidos políticos, a exemplo do que já ocorre no âmbito das empresas, traduzir-se-á em “dividendos e ganhos “ para a atividade política das agremiações partidárias.

FLUXOGRAMA DE UM PROGRAMA DE COMPLIANCE PARA PARTIDOS POLÍTICOS

Apresenta-se a seguir uma sugestão de fluxograma a respeito do que deve constar em um Programa de Compliance para partidos politicos.

Destaca-se que tal programa irá impor à agremiação partidária a adoção de uma série de mecanismos capazes de assegurar a conformidade de todas as ações no âmbito da administração da legenda, bem como, na atuação dos seus agentes na Administração Pública. Existindo, ainda, a marca, sobretudo da transparência, principalmente no que tange à prestação de contas dos recursos financeiros oriundos do Fundo Partidário.

Figura 11: Fluxograma Programa de Compliance para Partidos Políticos

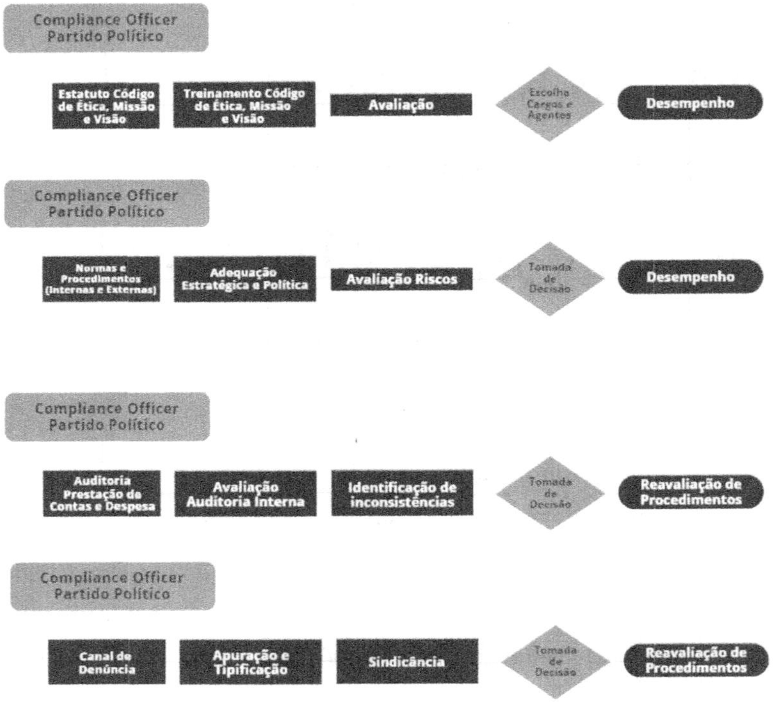

O fluxograma acima pode ser perfeitamente utilizado para a realidade dos partidos políticos. Estes, de igual modo, terão que se adequar a um programa de compliance, assim como qualquer empresa, posto que em um fluxograma para partidos políticos necessário observar os requisitos, os riscos, criar um eficiente mecanismo de controle e governança, um sistema de auditoria, a regulamentação, as regras e as políticas a serem adotadas.

Em síntese, a exemplo do que acontece com um Programa de Compliance no âmbito empresarial e das corporações, sem olvidar nas empresas publicas. O partido politico precisará adotar condutas e políticas de integridade, além da avaliação de riscos. Para isso, é de fundamental importância traçar a definição das políticas de controle, bem como os meios para se certificar acerca da dupla diligência. Os demais itens, de igual modo, são imprescindíveis para garantir o pleno sucesso de um programa de compliance.

CONCLUSÃO

O estabelecimento e a importância de ferramentas para detecção, punição e remediação de fraudes e atos de corrupção e lavagem de dinheiro, mediante a implantação de um programa de integridade (compliance nos partidos políticos, objeto da presente obra) devidamente estruturado, possibilitando prevenir ou minimizar os riscos de violação às leis e prejuízos ao erário, se efetivamente cumprido, minimiza os riscos de práticas ilícitas e fortalece a imagem do partido politico perante a opinião pública.

Notadamente, na esfera politico partidária, mostrou-se relevante a criação e a implementação do multicitado compliance, consideradas as particularidades dos partidos políticos (autonomia, pluralismo político e o pluripartidarismo), de forma a dar transparência e higidez ao processo político partidário eleitoral e a concretizar a vontade constitucional relativa a tais agremiações, qual seja, a de que elas devem prestar um serviço à democracia e funcionar, efetivamente, como veículos a serviço do Estado Democrático de Direito e da cidadania.

Discorreu-se sobre o desenvolvimento histórico do compliance em diversos países do mundo, notadamente os Estados Unidos, o Reino Uunido e a Alemanha, os quais foram promissores na criação de leis de combate e inibição em relação às práticas de corrupção e lavagem de dinheiro, o que ,de modo inevitável, influenciou a legislação brasileira, a exemplo da lei anticorrupção.

Apresentou-se no decorrer deste texto, os necessários esclarecimentos em relação a temas como Governança Corporativa e Compliance, além das considerações tecidas sobre o desenvolvimento e a consolidação do compliance no Brasil, além de destaque relevante acerca importância de um Programa de Compliance.

Abordou-se relevantes informações sobre compliance nas legendas partidárias e sua devida aplicabilidade nesta esfera, com destaque para a natureza jurídica e a importância dos partidos políticos no sistema jurídico brasileiro, demonstrando o caráter de serviço público na sua atividade quando fomenta quadros para a administração pública. Destacou-se a relevância do Compliance Partidário no Brasil, do quanto tal ferramenta é de extrema importância para garantir a transparência nas atividades e o funcionamento dos partidos, mormente pelo grande volume de recursos públicos que estas entidades recebem.

Todavia, também se pontuou sobre a ausência de normatividade específica, relativamente a implementação do Compliance nos partidos políticos, destacando Projetos de Lei que pretendem regularmentar a aplicação do Compliance nos Partidos Políticos, atualmente em tramite no Congresso Nacional, visando tornar obrigatória para os partidos políticos a adoção de um programa de integridade.

Ainda foi apresentado na presente obra, os benefícios oriundos da implementação de um programa de compliance, no qual a transparência certamente é o principal deles.

Vale destacar informações relevantes sobre a existência de compliance nos partidos politicos, uma vez que, ainda há um longo caminho a ser percorrido, mas que, a partir da promulgação de alguns normativos (Lei Anticorrupçao e Lei de Improbidade Administrativa, por exemplo), certamente passou a existir um empenho maior por parte da sociedade na adoção de medidas que demonstrem transparência, sobretudo no âmbito da Administração Pública e que deve chegar até a realidade dos partidos políticos.

Se procedeu, ainda, a uma breve análise quanto à realidade dos Partidos Políticos com base nas informações do Tribunal Superior Eleitoral (TSE), em relação ao uso efetivo de compliance pelas agremiações partidárias, evidenciando a ausencia de preocupação das agremiações com a prática da conformidade.

Por fim, destacou-se a importância da implantação de um Programa de Compliance nos Partidos Políticos Brasileiros ou, alternativamente, a submissão destes à legislação pátria, notadamente em relação à Lei de Improbidade

Administrativa, Lei Anticorrupção e o Novo Código dos Usuários dos Serviços Publicos. Tal reflexão se faz pertinente, haja vista que os partidos políticos têm recebido cada vez mais quantias exorbitantes do poder público para custear as campanhas eleitorais.

Por tais razões, é clarividente a necessidade de uma de Lei que obrigue partidos a adotar um Programa de Compliance ou, alternativamente, conforme já aludido, estejam submetidos por determinaçao legal aos normativos elencados no parágrafo anterior, pois, não existindo tal obrigatoriedade, não há transparência suficiente.

A adoção de um Programa de Integridade é plenamente justitificada, uma vez que os partidos políticos usam recursos públicos, indicam pessoas para ocupar cargos relevantes na Administração Pública. Por consequência, seriam obrigados a implantar um Programa de Compliance, vez que a Lei Anticorrupção aponta que se as entidades tiverem um Programa de Integridade poderão ter atenuantes nos eventuais ilícitos praticados.

Enfim, conquanto inexista atualmente lei específica em vigor tratando do compliance partidário, é fato que os partidos políticos, para cumprimento de regularidades, têm inúmeras fontes às quais podem se embasar, as quais mencionamos no decurso deste trabalho e que vão além dos controles feitos pela Justiça Eleitoral e das exigências normativas pertinentes aos pleitos eleitorais e à atuação das agremiações partidárias e dos candidatos. Sendo certo que, ao investir no compliance, será possível demonstrar que o correspectivo partido político se preocupa com a boa conduta e o combate à corrupção no país (realiza ações de fato), obtendo uma certa vantagem competitiva frente os outros (que não investem em tal ferramenta de gestão).

Por derradeiro, percebeu-se que há um percentual mínimo de partidos políticos que possuem um programa de compliance, ainda sem o devido funcionamento, representando um um percentual de 3% (três) por cento dos partidos políticos dentro do universo investigado.

Neste sentido, entende-se por imperativo a criação de legislação obrigando à implantação de um Programa de Compliance nos partidos políticos ou, alternativamente, submetê-los aos normativos supra consignados (Lei Anticorrupção, Lei de Improbidade Administrativa e Lei dos Usuários dos Serviços Públicos), vez que, a submissão dos partidos aos normativos mencionados obrigará, ainda que indiretamente, a uma política de conformidade nas agremiações partidárias, por força do que dispõe o conteúdo das legislações em apreço, particularmente, pelo disposto no inciso VIII do artigo 7º da Lei 12.846/2013 (Lei Anticorrupção), a qual propicia atenuantes para as entidades que demonstrem a existência de um Programa de Integridade, quando da aplicação de sanções decorrentes da constatação de algum ilícito. Não havendo o que se cogitar acerca da autonomia partidária como empecilho para a implantação de um Programa de Compliance, principalmente, pelos significativos volumes de recursos públicos recepcionados por estas entidades partidárias, as quais devem ser norteadas pelos princípios que regem a Administração Pública, pois tratam-se de associações que instrumentalizam a democracia nacional, devendo estar submetidos a um mecanismo de maior transparência perante o eleitorado brasileiro.

Uma das premissas do compliance é a prevenção, considerando o cenário de corrupção que obstaculiza o desenvolvimento social e econômico da nação, nada mais necessário do que a adoção pelas entidades partidárias, as quais tem a função precípua de representar os anseios da população, devendo subemeter-se a tal conformidade como avanço da política nacional.

A realidade é desafiadora, mas clama para que as entidades partidárias e os nossos representantes políticos se notabilizem pela cultura da transparência e da responsabilidade para com o erário. O Brasil não pode esperar pelo rumo das previsões catastróficas, mas por um futuro como as dimensões dos sonhos do seu povo.

REFERÊNCIAS BIBLIOGRÁFICAS

Alvim, F. F. (2014). O papel da ética no processo eleitoral. São Paulo: Ed. Juruá. Consultado em: https://www.tse.jus.br. Acesso em: 21.mar.2023.

Amaral, O. E. do. (2013). O que sabemos sobre a organização dos partidos políticos: uma avaliação de 100 anos de literatura. Revista Debates, 7(2), Porto Alegre, pp.11-32. Consultado em: https://www.tse.jus.br/institucional/biblioteca/biblioteca digital. Acesso em: 26.dez.2023.

Amaral, D. (2024). O que aprendemos sobre compliance na Alemanha. Consultado em: https://www.legiscompliance.com.br. Acesso em: 20.jan.2024.

AML Reputacional. (2020). Compliance e Integridade: entenda a diferença entre os programas. Publicado em 04/11/2020. Consultado em: https://www.amlreputacional.com.br. Acesso em: 22.fev.2024.

Assi, M. (2018). Compliance: como implementar. São Paulo: Editora Trevisan.

Bandeira, G. N. C. S. M.; Garbaccio, G. L.; Matos, A. F. M. (2022). Análise da Adoção dos Programas de Compliance nos Partidos Políticos Brasileiros. Revista Jurídica, 4(71), pp. 448-481. Consultado em: https://revista.unicuritiba.edu.br. Acesso em: 23.mar.2023.

BATALHA, A; LIMA, M.T; SIMONAKA, T.F.N; SOUZA, A.L. As quarenta recomendações do GAFI: hard law ou soft law? 2021. Consultado em: https://jus.com.br. Acesso em: 24.jan.2024.

Barbosa, S. R. (2019). Compliance partidário: o que você precisa saber sobre o PL 429/2017. Consultado em: https://farelosjuridicos.com.br. Acesso em: 20.dez.2023.

Barreto, R. T. S. & Vieira, J. B. (2019). Governança, gestão de riscos e integridade. Brasília: Enap. Consultado em: https://repositorio.enap.gov.br. Acesso em: 26.nov.2023.

Bittencourt, S. (2018). Comentários à Lei 13.460 de 26 de Junho de 2017 – Novo Código de Defesa dos Usuários de Serviços Públicos. Curitiba: Editora CRV.

Branco, A. L. V. (2021, jul-dez). O papel dos partidos políticos no Estado democrático brasileiro. Disponível em: https://www.tse.jus.br/institucional/escola-judiciaria-eleitoral/publicacoes/revistas-da-eje/artigos/revista-eletronica-eje-n.-6-ano-3. Acesso em 10 mai.2025

Batistella, A. A ditadura militar e o bipartidarismo: casuísmos e um simulacro de democracia. CLIO: Revista de Pesquisa Histórica (Recife. Online), 39. Disponível em: https://www.periódico.ufpe.br. Acesso em 05 mai 2025.

Brasil. Senado Federal. (1970). Resolução do Senado Federal nº 93/1970. Consultado em: https://adm.senado.leg.br/normas/ui/pub/normaConsultada. Acesso em: 21.nov.2023.

Brasil. (1988). Constituição da República Federativa do Brasil. Brasília. Consultado em: https://www.planalto.gov.br/ccivil_03/Constituicao/Constituicao.htm. Acesso em: 26.mar.2023.

Brasil. Câmara dos Deputados. (1989). Resolução nº 17/1989. Consultado em: https://www2.camara.leg.br/legin/resolucaodacamaradosdeputados-setembro-1989320110-normaatualizada-pl.html. Acesso em: 20.nov.2023.

Brasil. (1990). Lei nº 8.078, de 11 de setembro de 1990. Dispõe sobre a proteção do consumidor e dá outras providências. Disponível em: https://www.planalto.gov.br/ccivil_03/Leis/L8078compilado.htm. Acesso em 20 mai.2025.

Brasil. (1992). Lei n° 8.429/1992. Consultado em: https://www.planalto.gov.br/ccivil.htm. Acesso em: 21.mar.2023

Brasil. (1995). Lei nº 9.096/1995. em:https://www.planalto.gov.br/ccivil/Leis/L9096.htm. Acesso em: 20.nov.2023.

Brasil. (1998). Lei n° 9.613/1998. Consultado em: https://www.planalto.gov.br/ccivil/L9613.htm. Acesso em: 26.mar.2023.

Brasil. (2000). Decreto nº 3.678/2000. Consultado em: https://www.planalto.gov.br/ccivil/D3678.htm. Acesso em: 30.mar.2023

Brasil. (2002). Lei nº 10.406/2002. Consultado em: https://www.planalto.gov.br/ccivil.htm. Acesso em: 06.mar.2023.

Brasil. (2002). Decreto nº 4.410/2002. Consultado em:https://www.planalto.gov.br/ccivil_03/.htm. Acesso em: 30.mar.2023.

Brasil. Decreto nº 5.687/2002. Consultado em: https://www.planalto.gov.br/ccivil_03. Acesso em: 22.mar.2023

Brasil. (2009). Lei complementar nº 131/2009. Consultado em: https://www.planalto.gov.br/ccivil_03/leis/lcp/lcp131.htm. Acesso em: 21.mar.2023
Brasil. Lei nº 14.133/2021. Consultado em: https://www.planalto.gov.br/ccivil_03/_Ato20192022/2021/Lei/L14133.htm. Acesso em: 25.mar.2023.

Brasil. (2011). Lei nº 12.527/2011. Consultado em: https://www.planalto.gov.br/ccivil_03/_ato2011 2014/2011/lei/l12527.htm. Acesso em: 21.mar.2023

Brasil. (2013). Lei nº 12.846/2013. Consultado em: https://www.planalto.gov.br/ccivil_03/_ato2011 2014/2013/lei/l12846.htm. Acesso em: 20.nov.2023.

Brasil. Convenção da OCDE, 2014. Os países signatários da Convenção da OCDE devem criminalizar o ato de corrupção de funcionários públicos estrangeiros em transações comerciais internacionais. Consultado em: https://www.gov.br/cgu/ptbr/acesso-ainformacao/perguntas-frequentes/articulacao-internacional/convencao-da ocde. Acesso em: 20.nov.2023.

Brasil. Senado Federal. (2015). Projeto de Lei 663/2015. Consultado em: https://www.senado.br. Acesso em: 12.jun.2024.

Brasil. Controladoria Geral da União. (2015). Portaria nº 909/2015. Consultado em: https://www.legisweb.com.br/legislacao/. Acesso em: 03.mar.2023.

Brasil. (2015). Decreto Federal nº 8.420/15. Consultado em: https://www.planalto.gov.br/ccivil_03/15 2018/2015/decreto/d8420.htm. Acesso em 21.mar.2023.

Brasil. (2016). Lei nº 13.303/2016. Consultado em: https://www.planalto.gov.br/ccivil_03/_ato20152018/2016/lei/l13303.htm. Acesso em: 20.mar.2023.

Brasil. Câmara dos Deputados (2016). Entenda como funciona o processo legislativo. Consultado em: https://www.camara.leg.br/entenda-o-processo-legislativo. Acesso em: 12.jun.2024.

Brasil. Senado Federal. (2016). Projeto de Lei 5.924/2016. Consultado em: https://www.senado.br. Acesso em: 12.jun.2024.

Brasil. (2016). Decreto nº 8.945/2016. Consultado em: https://www.planalto.gov.br/ccivil_03/2015 2018/2016/D8945.htm. Acesso em: 25.mar.2023

Brasil. Ministério da Transparência, Fiscalização e Controle. (2016). Convenção das Nações Unidas contra a Corrupção. Consultado em: https://www.gov.br/cgu/pt-br/acesso-a informacao/perguntas-frequentes/articulacao-internacional/convencao-da-onu#. Acesso em: 30.mar.2023

Brasil. Senado Federal. (2017). Projeto de Lei 60/2017. Consultado em: https://www.senado.br. Acesso em: 12.jun.2024.

Brasil. (2017). Decreto nº 9.203/2017. Consultado em: https://www.planalto.gov.br/ccivil_03/_Ato 2018/2017/Decreto/D9203.htm. Acesso em: 26.mar.2023.

Brasil. (2017). Lei nº 13.460/2017. Consultado em:https://www.planalto.gov.br/ccivil_03/_ato2015 2018/2017/lei/l13460.htm. Acesso em: 26.mar.2023

Brasil. Senado Federal. (2018). Projeto de Lei 10.219/2018. Consultado em: https://www.senado.br. Acesso em: 12.jun.2024.

Brasil. Tribunal de Contas da União. (2018). Referencial de combate à fraude e corrupção: aplicável a órgãos e entidades da Administração Pública / Tribunal de Contas da União. – Brasília: TCU, Coordenação-Geral de Controle Externo dos Serviços Essenciais ao Estado e das Regiões Sul e Centro-Oeste (Coestado), Secretaria de Métodos e Suporte ao Controle Externo (Semec), 2 ed. 2018. Consultado em: https://portal.tcu.gov.br/imprensa/tcu.htm. Acesso em: 06.mar.2023

Brasil. (2018). Lei nº 13.709/2018. Consultado em: https://www.planalto.gov.br/ccivil_03/_ato2015 2018/2018/lei/l13709.htm. Acesso em: 26.mar.2023

Brasil. Conselho Administrativo de Defesa Econômica - CADE. (2018). Portaria nº 283/2018. Consultado em: https://www.gov.br/imprensanacional/pt- br/assuntos/noticias/portarian-2832018. Acesso em: 30.mar.2023

Brasil. Senado Federal. (2019). Projeto de Lei 2.086/2019 . Consultado em: https://www.senado.br. Acesso em: 12.jun.2024.

Brasil. Tribunal Superior Eleitoral. (2019). Resolução nº 23.607/2019. Consultado em: https://www.tse.jus.br/legislacao/compilada/17-de-dezembro-de-2019. Acesso em: 25.nov.2023

Brasil. Controladoria Geral da União. (2021). A Responsabilidade Social das Empresas no Combate à Corrupção. Consultado em: http://www.repositorio.cgu.gov.br. Acesso em: 21.mar.2023.

Brasil. Tribunal Superior Eleitoral. (2021). Resolução TSE nº 23.664/2021. Consultado em: https://www.tse.jus.br/legislacao/compilada/res/2021. Acesso em: 20.nov.2023.

Brasil. Tribunal Superior Eleitoral. (2021). Resolução TSE nº 23.665/2021. Consultado em: https://www.tse.jus.br/legislacao/compilada/res/2021/. Acesso em: 20.nov.2023.

Brasil. (2022). Decreto nº 11.129/2022. Consultado em: https://www.planalto.gov.br/ccivil_03/2019 2022/2022/Decreto/D11129.htm. Acesso em: 21.mar.2023.

Bobsin, A. (2023). Conceito de compliance. Consultado em: https://www.aurum.com.br/ Acesso em: 02.mar.2023.

Bottini, P. C. (2013). O que é compliance no âmbito do Direito Penal? Consultado em: https://www.conjur.com.br/. Acesso em: 01.mar.2023.

Camara, D. E. C.; Ramos, P. R. B; Rosário, P. T. do. (2019 – jul-dez). Governo das sociedades e compliance em Portugal: um escorço de sua delimitação histórico-normativa. Galileu, Volume XX, Fascículo 2, pp. 26-45. Consultado em: https://repositorio.ual.pt. Acesso em: 20.jan.2024.

Campos, M. M. (2009). Democracia, Partidos e Eleições: os custos do sistema partidário eleitoral no Brasil [Tese de Doutorado, Universidade Federal de Minas Gerais]. Minas Gerais, Belo Horizonte. Consultado em: https://repositorio.ufmg.br/mauro_macedo_campos__tese_finalpdf. Acesso em: 26.nov.2023

Cararetto, V. (2021). A importância do compliance nas instituições públicas. Consultado em: https://www.tcm.go.gov.br. Acesso em: 01.mar.2023

Carvalho, M. (2015). Manual de direito administrativo. 2.ed. Salvador: Juspodivm.

Carvalho Filho, J. S. (2009). Manual de direito administrativo. 21.ed. Rio de Janeiro: Editora Lumen Juris.

Cerqueira, M.M; JÚNIOR, O.B; PAULINO, G.C; SCHOUCAIR, J.P.S. Comentários à lei de improbidade administrativa: interpretação constituição em consonância com a eficácia jurídica e social. 3.ed.rev., atual. e ampl. – São Paulo: Editora JusPodivm, 2025.

Conrado, L. C. Aplicabilidade da lei de improbidade administrativa aos agentes políticos. 2011. Monografia em Direito, [Universidade Federal do Ceará] Disponível em: https://repositorio.ufc.br. Acesso em 15 mai.2025.

Coimbra, M. A. & Manzi, V. A (2010). Manual de Compliance. São Paulo: Atlas. Consultado em: https://www.conjur.com.br./ Acesso em: 28.fev.2023

Costa, D. C. (2020). Partidos Políticos e Compliance: instituição de programa de integridade como forma de legitimar as atividades partidárias e consolidar a democracia representativa. Belo Horizonte. Fórum.

Couto, R. D. (2019). Partidos políticos: uma abordagem jurídica e contemporânea à luz do direito partidário. Consultado em: https://www.faculdaderepublicana.org.br/ Acesso em: 01.abr.2023

Cunha Filho, A. J. C. (2017). Governança Pública na Administração Contemporânea [Tese de Doutorado, Universidade de São Paulo], São Paulo. Consultado em: https://www5.usp.br/. Acesso em: 30.mar.2023.

Dias, R. L. A. B. (2024). O pluralismo partidário no Brasil. Consultado em: https://www.tse.jus.br/institucional/escola-judiciaria-eleitoral/publicacoes/revistas-da eje. Acesso em: 12.jun.2024.

Dias, P. H. R. C. (2016). Novo serviço público no Brasil: um estudo do orçamento participativo em Porto Alegre. Revista da FAE, 19(1), pp. 34-47.

Di Pietro, M. S. Z (2014). Direito administrativo. 27.ed. São Paulo: Atlas.

______. (2017). Direito Administrativo, 30 ed. Rio de Janeiro: Forense.

Drumond, T. C. (2021). A nova lei de licitações e a exigência do compliance e programa de integridade. Consultado em: https://www.migalhas.com.br. Acesso em: 20.fev.2024.

Fernandes, C. M. (2019). Qual a importância do compliance nas empresas? Consultado em: https://www.migalhas.com.br. Acesso em: 06.mar.2023

Ferreira, A. (2020). A definição do Instituto Brasileiro de Governança Corporativa. Consultado em: https://brainly.com.br/tarefa/26255290. Acesso em: 20.jan.2024.

Ferreira, P. A. & Lourenço, C. D. S. (2015-Abr) Cidadão-consumidor: em busca de um conceito. Revista Gestão Pública Práticas e Desafios. VII(1). Disponível em: https://periodicos.ufpe.br/revistas. Acesso em 10 mai 2025.

Francisco, I. (2024). Compliance: a devida diligência e os Direitos Humanos ultrapassando as fronteiras do Direito Alemão. Consultado em: https://www.linkedin.com. Acesso em: 21.jan.2024.

Freitas, R. M. Partidos políticos: natureza jurídica e importância. Disponível em: https://www.migalhas.com.br. Acesso em 31 mai.2025.

Freitas, A. B. S. P. & Oliveira, F. C. M. (n.d.). Compliance Anticorrupção: da gênese à tendente internacionalização do direito penal econômico. Consultado em: https://www.pucrs.br/direito/wp-content/uploads/sites/11/2021/01/andrea_freitas.pdf. Acesso em: 10.jan.2024

Figueiredo, R. S. (2015). Direito de intervenção e lei 12.846/2013: a adoção do compliance como excludente de responsabilidade [Dissertação de Mestrado, Universidade Federal da Bahia]. Consultado em: https://repositorio.ufba.br. Acesso em: 21.mar.2023.

Gualtieri, L. M. & Paulino, G. C. (2025). Dos Atos de Improbidade Administrativa. In: M. M. Cerqueira et al, Comentários à Lei de Improbidade Administrativa: interpretação constituição em consonância com a eficácia jurídica e social, 3.ed.rev., atual. e ampl. – São Paulo: Editora JusPodivm.

Garcia, E.; Alves, R. P. (2013). Improbidade administrativa. 7.ed. São Paulo: Saraiva.

Gonçalves, C. R. (2019). Direito Civil Brasileiro, volume I: parte geral, 17. ed. Ed. São Paulo: Saraiva.

Giovanini, W. (2020). Programas de Compliance e Anticorrupção: importância e elementos essenciais. In: J. M. Souza & R. P. Queiroz (Org.). Lei Anticorrupção e Temas de Compliance, 2. Ed, Salvador: Juspodivm.

Gomes, E. P. G. F. & Limeira, A. L. F. (2022). Governança Corporativa e Compliance: distinções relevantes sobre um problema comum. Revista Jurídica UNICUTIRIBA. 2(69). Consultado em: https://revista.unicuritiba.edu.br. Acesso em: 20.mar.2023

Instituto Brasileiro de Governança Corporativa - IBGC. (n.d.). Governança Corporativa. Consultado em: https://www.ibgc.org.br/. Acesso em: 01.mar.2023

Justen Filho, M. (2022). Reforma da lei de improbidade administrativa comentada e comparada: Lei 14.230, de 25 de outubro de 2021. Rio de Janeiro: Forense.

Jesus, L. (2015). Qual a importância do compliance para seu negócio? Consultado em: www.itcq.com.br. Acesso em: 01.mar.2023

Jordão, F. J. (2017). Partidos políticos trocam de nome e especialistas explicam o que NÃO muda. Consultado em: https://www.diariodepernambuco.com.br/noticia/politica. Acesso em: 16.mar.2023.

Júnior, H. A. P. (2018). A responsabilização das pessoas jurídicas que contratam com a Administração Pública na Lei Anticorrupção. Consultado em: https://jus.com.br/artigos/63835/a-responsabilizacao-das-pessoas-juridicas-que contratam-com-a-administracao-publica-na-lei-anticorrupcao. Acesso em: 20. Jan.2023.

Lança, D. (2021). "Partido de Moro" implementa programa de compliance anticorrupção, entenda". Consultado em: https://veja.abril.com.br/coluna/ . matheus-leitao. Acesso em: 15.mar.2023

Lopes, L. C. B. (2023). O Compliance Eleitoral e Partidário como instrumento de planejamento estratégico e prevenção de riscos para os partidos políticos e candidatos. Consultado em: https://www.jusbrasil.com.br/artigos/o-complianceeleitoral-e-partidario-como-instrumento-de-planejamento-estrategico-e-prevencao-deriscos-para-os-partidos-politicos-e-candidatos. Acesso em: 20.jan.2024

Lugarinho, H. (2023). Os benefícios de adotar um programa de integridade. Publicado em 26.06.2023. Consultado em: https://clickcompliance.com. Acesso em: 04.dez.2023.

Lugarinho, H. (2024). O que a lei anticorrupção americana tem a ver com compliance? Consultado em: https://clickcompliance.com. Acesso em: 25.mar.2024.

Luz, I. M. (2017). A responsabilidade penal por omissão e os programas de compliance. Tese. Doutorado. [Universidade de São Paulo]. Consultado em: https://www.teses.usp.br. Acesso em: 16.nov.2023

Maeda, B. C. (2013). Programas de Compliance anticorrupção: importância e elemento essenciais. Rio de Janeiro, Elsevier.

Mayer, R. (2015). A regulação dos partidos políticos do Cone Sul. Leviathan, Cadernos de Pesquisa Política, n. 10, pp.41-58. Consultado em: https://bibliotecadigital.tse.jus.br. Acesso em 20.abr.2024.

Medauar, O. (2021). Direito administrativo moderno. 25.ed. São Paulo: Revista dos Tribunais.

Maluf, G. B. (2023). Conheça a ISO 37301: nova norma sobre sistemas de gestão de compliance. Consultado em: https://uplexis.com.br/blog/artigos/iso-37301/ Acesso em: 02.mar.2023.

Michaels, R. (2010). The mirage of non-state governance. Utah Law Review.

Mendes, F. S. & Carvalho, V. M. (2020). Compliance: concorrência e combate a corrupção. (3ª ed) São Paulo: Trevisan.

MOTA, F; NOHARA, I.P; PRAXEDES, M; ZIMMER, A. (2019). Lei anticorrupção: Lei 12.846/2013, 1. ed. – São Paulo: Revista dos Tribunais, 2019.

Monteiro, M. A. C. (2006 – jul-dez). Os Partidos Políticos e o Fenômeno da Corrupção Eleitoral. Revista Brasileira de Direito Constitucional – RBDC, n.8. Consultado em: https://www.esdc.com.br. Acesso em: 20.out.2023.

Neves, D. A. A. (2022). Comentários à reforma da lei de improbidade administrativa: Lei 14.230, de 25.10.2021 comentada artigo por artigo. Rio de Janeiro: Forense.

Okomura, A. L. (2017). A crise de 2008 sob o prisma da análise econômico-comportamental do direito [Tese de Doutorado, Universidade de São Paulo]. São Paulo.

Pimentel, L. (2023). Viabilidade das regras de compliance nos partidos políticos. Consultado em: https://www.conjur.com.br. Acesso em: 25.nov.2023

Prado, A. O. A. (2011). Improbidade administrativa. São Paulo: Malheiros.

Reis, T. (2018). Stakeholder: o que é e qual sua importância em uma empresa? Consultado em: https://www.suno.com.br/artigos/stakeholder. Acesso em: 20.jan.2024

Rocha, D. V. (2019). Formação e sucesso de novos partidos políticos no Brasil [Tese de Doutorado, Universidade do Estado do Rio de Janeiro]. Rio de Janeiro.

Ribeiro Júnior, A. J. (2018-jul). Direito Eleitoral e Compliance: a adoção do programa de conformidade como solução a crise dos partidos políticos no Brasil. Revista de Estudos Eleitorais, 2(3). Consultado em: https://bibliotecadigital.tse.jus.br. Acesso em: 01.mar.2023.

Ribeiro, R. B. A. Aspectos gerais acerca da lei anticorrupção e sua aplicação aos partidos políticos, 2017. Disponível em: ttps://www.jusbrasil.com.br. Acesso em 05 mai. 2025.

Sahione, Y. (2020). Eleições 2020: Compliance e os partidos políticos no Brasil. Consultado em:https://br.lexlatin.com/opiniao/eleicoes-2020-compliance-e-os-partidos-politicosno-brasil. Acesso em: 15.mar.2023

Santos, N. (2020). Governança Corporativa e Compliance – Preocupado com o seu escritório? Entenda o que são esses conceitos e como eles podem proteger seu negócio. Consultado em: https://www.gestta.com.br. Acesso em: 26.mar.2023.

Santos, A. F.N. O novo serviço público no Brasil à luz da parceria para governo aberto, 2019. Monografia [Universidade Federal do Rio de Janeiro]. Disponível em: https://pantheon.ufrj.br. Acesso em 10 mai.2025.

Sarlet, I. W. (2024). Proteção de dados pessoais como Direito Fundamental autônomo na Constituição Brasileira de 1988. In: Estudos sobre LGPD – Lei Geral de Proteção de Dados – Lei nº 13.709/2018: doutrina e aplicabilidade no âmbito laboral. Consultado em: https://www.trt4.jus.br/portais/media/1063693/E-bookEstudosLGPD-Edjud4.pdf. Acesso em 12.jun.2024.

SEBRAE. (2018). Manual do Programa de Integridade Corporativa. compliance Sistema Sebrae: Brasília. Consultado em: https://sebrae.com.br/Sebrae/Portal%20Sebrae/Compliance/Biblioteca/Manual. Acesso em: 20.dez.2023

Timerman, G. (2017). Entre a expectativa e a realidade: a evolução de uma cultura de compliance em países selecionados. KPMG Brasil, São Paulo.

Tosetto, L. (2019). Programa de compliance ou de integridade? Qual a diferença entre eles e qual a melhor maneira de implementar. Publicado em 31 de maio de 2019. Consultado em: https://br.linkedin.com. Acesso em: 22.fev.2024

Torres, R .C. L. de. (2024). Lei de Improbidade Administrativa Comentada. 2 ed. rev. E atual. São Paulo: Juspodivm.

Veríssimo, C. (2018). Compliance: incentivo a adoção de medidas anticorrupção. São Paulo: Saraiva.

Xavier, C. P. G. (2015). Programas de compliance anticorrupção no contexto da lei 12.846/13: elementos e estudo de caso. Disponível em < http://direitosp.fgv.br/publicacoes/programas-de-compliance-anticorrupcao-contexto-lei-1284613-elementos-estudo-de-caso > Acesso em 19 mai. 2025.

Wolffenbuttell, A. (2006). O que é? - Acordo da Basiléia. Revista Desafios do Desenvolvimento. Ano 3. Edição 20 - 9/3/2006. Consultado em: 26. out.2023

Made in the USA
Monee, IL
04 November 2026

67377495R00098